PROCÈS

DU MARÉCHAL-DE-CAMP,

BARON CAMBRONNE.

A BRUXELLES,
Chez LECHARLIER, Libraire.

PROCÈS
DU MARÉCHAL-DE-CAMP,
BARON CAMBRONNE,

PRÉCÉDÉ

D'UNE NOTICE HISTORIQUE TRES-DÉTAILLÉE,

SUR LA VIE ET LE CARACTÈRE

DE CET OFFICIER-GÉNÉRAL,

PAR L. TH*****.

Cet ouvrage contient les interrogatoires, les pièces du procès, les débats, le discours du rapporteur, le plaidoyer entier de Me. Berryer, le jugement et le pourvoi.

A PARIS,

CHEZ { PLANCHER, Éditeur, rue Serpente, n°. 14;
EYMERY, Libraire, rue Mazarine, n.° 30;
DELAUNAY, Libraire, au Palais-Royal.

1816.

ERRATA.

Page 7, ligne 30, au lieu de *Mortagne*, lisez : *Montagne*.

NOTICE HISTORIQUE

SUR LA VIE DU MARÉCHAL-DE-CAMP,

BARON CAMBRONNE.

LE plus beau panégyrique qu'on puisse faire du général Cambronne, est d'écrire son histoire. Ici l'écrivain n'a besoin ni de réticences, ni de ménagemens, comme cela est trop souvent nécessaire dans le récit d'actions équivoques dont il est forcé de déguiser ou de colorer les motifs. Tout est grand, tout est noble. Deux sentimens, celui du courage et de la vertu, remplissent l'existence de ce brave militaire, qu'ils ont continuellement dirigé dans sa conduite publique et privée. A une époque où les passions se jouent de tous les principes, dénaturent et couvrent même du ridicule les plus purs penchans du cœur; quand une suite de révolutions a fait vieillir tant d'hommes dans l'avilissement, la vertu du général Cambronne est sortie sans tache du naufrage presque universel.

En vain l'intérêt a-t-il changé les hommes, a-t-il dirigé la conduite des traîtres de tous les partis, Cambronne s'est toujours montré religieux observateur de ses sermens. Sa conscience et son épée, tels sont les guides et les instrumens de sa vie. Vertu vraiment admirable, vertu antique dans des temps modernes, et qui, trop long-temps accusée, brille enfin de tout son éclat, depuis qu'un tribunal auguste lui a rendu l'hommage le plus solennel.

Le procès du général Cambronne est un monument historique. Il appartient à la postérité, intéressée à recueillir tous les traits qui caractérisent *le premier grenadier de France*. Tout y peint la loyauté et la franchise du courageux accusé, qui, sur le banc des criminels, a déployé cette force d'âme qu'on admirait en lui à la tête des armées. Ses réponses sont celles d'un soldat qui connaît la dignité de son état, et sait cependant la concilier avec le respect dû à des juges.

Ce procès donne de grands détails sur la vie politique de l'accusé. Cependant l'espace dans lequel le défenseur de Cambronne s'était nécessairement renfermé, et la modestie du général, ont privé les auditeurs d'un grand nombre des traits de sa vie. Il avait défendu à celui qui s'était chargé de sa cause, de chercher à émouvoir ses juges, auxquels il ne demandait que la justice; et quoique dans l'intérêt de son client, Me Berryer ait souvent éludé cette généreuse défense, il n'a pu rapporter qu'une partie des actions qui assurent au général Cambronne l'admiration de ses contemporains, le respect de la postérité, et le placent à côté des guerriers de tous les temps, dont s'énorgueillit encore la terre qui les vit naître.

Nous nous sommes proposés, en traçant rapidement l'histoire de Cambronne, de suppléer à ces lacunes, Le public a droit d'attendre de nous une exactitude entière ; et si notre récit fait quelquefois souffrir la modestie du héros, il nous pardonnera, en faveur du noble but que nous voulons atteindre, celui de contribuer à répandre ses titres de gloire.

Pierre-Jacques-Etienne Cambronne naquit à Nantes le 26 décembre 1770. Son père, issu d'une famille distinguée parmi les négocians de Saint-Quentin, exerçait le commerce, et s'était rendu digne de l'estime de ses compatriotes, tant par sa probité que par la franchise et la loyauté, qui faisaient la base de son caractère. Le jeune Cambronne fit ses études au collége des Oratoriens à Nantes, où Fouché, depuis duc d'Otrante, exerçait alors les fonctions de régent. Après la mort de son père, Cambronne, qui s'était destiné au commerce, changea de résolution : une âme forte et courageuse, une grande chaleur d'imagination le portaient de préférence à la profession militaire, et l'esprit du temps n'était pas propre à diminuer le goût dont il était pénétré pour elle. Déjà fermentaient de nouvelles idées, préparées de longue main par le siècle qui finissait. Une inquiétude générale régnait dans les esprits, et l'horizon politique annonçait un éclat prochain. Cambronne était d'ailleurs porté, par son caractère indépendant, à embrasser les doctrines nouvelles. Ardent et fougueux, il avait donné, dès son enfance, des preuves de son intrépidité. C'est ici le lieu de rapporter une action de ses premières années, qui, quoique peu importante en elle-même, semblait présager ce qu'il serait un jour. Dans un homme ordinaire, elle ne mériterait aucune attention ; mais en lisant l'histoire d'un des plus braves militaires de la France, on aime à retrouver dans sa conduite première le germe de sa bravoure.

Etant encore au collége, le jeune Cambronne avait obtenu la permission d'aller à la messe de minuit. Ses parens, alors retirés dans une maison de campagne au-delà de la Loire, lui avaient recommandé de rester à la ville, d'y passer la nuit après la cérémonie, et de ne revenir que le lendemain les joindre à la campagne. Il faisait un froid excessif; la Loire étoit prise; mais comme il arrive d'ordinaire sur les grands fleuves, la glace était inégale, et il eût été très-dangereux d'y mettre seulement le pied. Au sortir de l'église, à une heure du matin, Cambronne, armé de patins, descend sur la Loire; il se met en chemin, et, après avoir parcouru plus de quatre lieues sur la rivière, toujours en patinant, dans l'obscurité la plus profonde, arrive à quatre heures chez ses parens, dont la surprise se changea bientôt en terreur, quand ils apprirent l'imprudence du jeune aventurier. Il est difficile d'être plus intrépide dans un âge encore si tendre.

La révolution ayant éclaté, on organisa des bataillons de volontaires à Nantes. Cambronne ne put résister au désir de servir une cause qu'il avait embrassée dans son cœur; il quitta sa famille, et s'enrôla en qualité de grenadier dans un bataillon de Maine-et-Loire, d'où il passa ensuite dans la Légion Nantaise. Il fut successivement promu au grade de sous-officier, d'officier, de capitaine, et mérita ces faveurs par la conduite la plus distinguée.

Une guerre de parti, d'autant plus désastreuse qu'elle armait l'un contre l'autre des hommes destinés à vivre en frères, s'était allumée dans la Vendée. Cambronne, obligé de combattre ses concitoyens, se distingua toujours par son courage sur le champ de bataille, et sa modération après la victoire. On doit remarquer ici que ce loyal citoyen a toujours déclaré que jamais il n'a fait la guerre à l'opinion (1). Son principe constant fut de suivre le gouvernement avoué par la majorité des Français, à moins que, comme dans la guerre de 1815, des considérations d'un autre ordre ne le contraignissent à se conduire différemment. Un grand nombre de certificats (2) attestent la magnanimité et l'humanité du général. On cite surtout le traitement noble et généreux qu'il fit éprouver au curé de Ville-l'Evêque, qu'il cacha chez sa mère au péril de sa vie. Un autre trait moins connu doit trouver place dans cette notice. Il prouve que, dès-lors, Cambronne avait déjà contracté des habitudes de rigueur envers lui-même et d'humanité envers les autres.

---

(1) Parmi les preuves nombreuses qui viennent à l'appui de cette assertion, nous citerons une anecdote peu connue dont nous garantissons l'authenticité. Elle démontre que le général Cambronne trouvait tout naturel que les autres suivissent, comme lui, leurs penchans et leurs devoirs. S'il n'eût pas été placé dans une situation qui lui prescrivait de suivre Bonaparte, le Roi n'aurait jamais eu de sujet plus fidèle.

Quand il revint à Paris, en mars 1815, un de ses amis qui avait placé son fils dans les gardes de *Monsieur*, lui rendit une visite. « Qu'est devenu votre fils? lui demanda le général. Comme il hésitait à répondre, Cambronne réitéra plusieurs fois sa demande. Enfin son ami lui dit d'une voix mal assurée : Je ne sais pas comment vous recevrez la réponse que je dois vous faire. Mon fils est garde-du-corps, il a suivi le roi. Il est à Béthune. Quoi, répartit Cambronne, vous craigniez de me faire cette confidence? Vous me connaissiez mal. *Votre fils est où il doit être ; il a prêté un serment qu'il doit tenir. Il est à Béthune, comme je suis à Paris.*

(2) Il en existe cinq au procès.

La petite ville de Paimbœuf étoit devenue le foyer de l'insurrection vendéenne. Un corps de troupes de la république s'empara de cette place et y laissa une garnison, de laquelle le général Cambronne faisait partie. Une nuit, un de ses amis le trouve enveloppé dans son sac, et dormant profondément au coin d'une borne. Il l'éveille, et lui demande avec surprise pourquoi il passait ainsi la nuit, exposé aux intempéries de l'air. « Les habitans de cette ville sont assez mal-» heureux, répondit le jeune militaire. Je n'ai pas » voulu, quoique j'eusse un billet de logement, au-» gmenter encore leur embarras et leur dépense ; » et, se replaçant au lieu qu'il avait choisi, il continua tranquillement son sommeil.

Les succès entre l'armée républicaine et les Vendéens étaient souvent partagés. Un jour que ces derniers avaient remportés un avantage assez considérable, les troupes se repliaient en désordre, et Cambronne soutenait encore l'attaque. Il apperçoit au milieu des ennemis un caisson; il forme soudain le projet de s'en emparer. Plus prompt que l'éclair, le brave s'élance dans la foule de ses adversaires; les uns périssent sous sa redoutable épée, les autres prennent la fuite; il frappe, il disperse en un clin d'œil tout ce qui s'oppose à ses efforts, et s'étant rendu maître du champ de bataille, seul il saisit le caisson, et triomphant, l'amène au milieu de ses compagnons, saisis d'admiration et de terreur.

La Vendée ayant enfin été pacifiée, le Gouvernement révolutionnaire renversé, la France respira sous un empire moins tyrannique. Cambronne, qui jusqu'alors n'avait combattu que dans la Légion Nantaise, prit du service dans les troupes réglées de la république. L'expédition d'Irlande lui offrit de nouvelles occasions de signaler sa bravoure, et de déployer ses talens. Il passa dans un corps devenu par la suite le quarante-sixième régiment de ligne, avec lequel il fit les campagnes du Rhin. Il se distingua particulièrement à la prise de Zurich, contre les armées russes, en enlevant avec sa compagnie de grenadiers les pièces russes braquées contre le bataillon dont il faisait partie. A Paradis, à la tête de quatre-vingts hommes, il parvint à culbuter trois mille Russes.

C'est sans doute vers cette époque que Cambronne devint capitaine du régiment où se trouvait le célèbre Latour-d'Auvergne, nommé par Napoléon le premier grenadier de France. Ce dernier ayant été tué, Cambronne fut choisi pour lui succéder dans ce titre, et c'est envain que sa modestie le refusa. Cette même modestie, aujourd'hui encore, lui fait presque nier qu'il ait été en effet revêtu d'un honneur si mérité.

Nommé chef de bataillon au 88e. régiment, sous le commandement du duc d'Albuféra, à l'époque où la grande armée passait le Rhin pour faire la campagne d'Austerlitz, son intrépidité et ses talens militaires attirèrent sur lui l'admiration de la division; et c'est à cette juste réputation, qu'après les campagnes de Prusse, de Pologne, et le siége de Sarragosse, il fut appelé avec son grade dans le corps des chasseurs à pied de la garde de Napoléon.

Après la campagne de Wagram, il retourna en Espagne, où il donna de nouveau des preuves de ses connaissances militaires dans la guerre de Mortagne.

Napoléon, commençant à reconnaître les grandes qualités de Cambronne, lui conféra le grade de colonel, que d'abord celui-ci refusa. Les ordres réitérés du souverain parvinrent enfin à lui faire accepter par devoir un honneur dont il semblait se croire indigne.

Tel était le général Cambronne; satisfait de son simple grade de capitaine, il désirait ne jamais en changer. Il était habitué de commander un corps qu'il aimait, et dont il était chéri. Ses amis l'ont souvent entendu répéter qu'il ne voulait autre chose que de commander toujours son cher régime nt.

En 1813, Cambronne, alors colonel, passa en Allemagne; il fit avec sa valeur accoutumée cette campagne glorieuse et funeste. A Hanau, il fut distingué pour l'intrépidité avec laquelle il chargea l'ennemi à la tête des chasseurs à pied de la vieille garde. Napoléon, appréciant de plus en plus cet homme extraordinaire, lui confia les attaques les plus difficiles pendant la guerre de 1814. Cambronne décida le sort de plusieurs affaires, et reçut quatre blessures, tant à Craone que sous les murs de Paris.

Cependant la fortune de Napoléon l'avait abandonné. Ce colosse si formidable était attaqué pied à pied dans son empire par ces mêmes peuples qu'il avait tant de fois vaincus. La nation française elle-même se détachait de cet homme, dont les fautes lui avaient ouvert les yeux; cet homme qui, sous le nom de défenseur de la liberté, avait détruit celle dont son pays commençait à jouir; qui après s'être placé la couronne sur la tête, au mépris de ses sermens, après avoir affermi sa puissance par l'oppression et le crime, aurait pu rester à jamais sur le premier trône du monde, s'il n'en était tombé par sa folie. Tyran de son pays, Napoléon ne s'était soutenu que par des victoires; la gloire qu'il avait acquise au peuple remplaçait jusqu'à un certain point la liberté qu'il lui avait enlevée.

Mais du jour où il fut vaincu, le masque tomba, et la puissance avec lui. On ne vit plus que des malheurs, et la France le repoussant de son sein, lui arracha sa tardive abdication.

Le général Cambronne était militaire, il avait combattu quinze ans sous les ordres de Napoléon, il en avait été récompensé. Il ne crut pas devoir imiter les Français, et profitant de la faculté accordée à Bonaparte par le traité de Paris, il sollicita un des premiers la permission de suivre celui que l'adversité lui rendait plus cher encore. Il écrivit au général Drouot la lettre la plus pressante. « On m'a toujours choisi » pour aller au combat, disait-il, on doit me choisir » pour suivre mon souverain ; un refus serait pour » moi la plus mortelle injure. »

Il obtint la demande qu'il avait faite ; et loin d'être, comme les autres Français, délié de ses sermens, il en prêta de nouveaux. Quoiqu'il en coûtât à son cœur de quitter sa patrie, il se dirigea vers l'étroite retraite qui restait à Napoléon, accepta le commandement de Porto-Ferrajo ; et, devenu étranger, ne s'occupa plus que de s'acquitter des obligations qu'il avait contractées.

Lors du retour de Napoléon en France, il obtint de nouveau un commandement honorable dans la garde impériale. Il ne put refuser la dignité de pair, mais il n'accepta ni celle de comte, ni celle de lieutenant-général qui lui furent offertes par le souverain. Son refus de ce dernier grade était motivé sur son incapacité. Il se croyait bien capable, disait-il, de commander une division seul ; mais dans une affaire générale, il aurait craint de compromettre l'existence de l'armée.

Cependant ce retour inattendu, et le départ du Roi légitime, avaient attiré de nouvelles vengeances. Une coalition formidable reparaissait aux frontières. En vain le chef du gouvernement avait-il fait un appel à la valeur française, la duplicité de sa conduite, ses promesses violées, son acte additionnel aux constitutions, tout avait refroidi ses partisans et grossi le nombre si considérable des amis de la royauté. Des dissentions intestines s'unissaient aux efforts des étrangers, et tout présageait une tempête plus violente encore que toutes celles qui avaient déjà ébranlé la France.

Malgré ces symptômes alarmans d'un mécontentement général, cette espèce d'indignation qu'inspire une agression étrangère, quelque soit son motif, avait réveillé le courage d'un grand nombre de Français. Une armée formidable s'avançait pour repousser l'Europe en armes ; le général Cambronne, qu'on rencontre partout où il y a des dangers à courir, se trouvait à son poste ordinaire, au poste de l'honneur. Il courait à l'ennemi pour acquérir une gloire nouvelle, et le laurier qui l'attendait à Waterloo doit être impérissable.

Nous n'entreprendrons point la tâche pénible de retracer l'histoire de cette funeste et glorieuse bataille. Quelque heureux qu'en aient été les derniers résultats, les événemens qui ont signalé cette épouvantable journée feront toujours saigner les cœurs français ; si cependant la valeur malheureuse mérite autant d'admiration que le courage favorisé par la fortune, la conduite, l'intrépidité, le dévouement sublime de nos braves soldats français doivent aussi nous remplir d'un sentiment d'orgueil.

Cambronne, à la tête d'un régiment des chasseurs à pied de la garde, soutint pendant toute la journée le feu de l'ennemi, les efforts des masses prussiennes et anglaises. Toutes les troupes avaient lâché le pied; il ne restait plus ni espoir, ni salut; Cambronne combattait encore. Ses derniers coups, qui étaient ceux du désespoir, portaient aussi de plus redoutables atteintes. Cependant il n'était plus praticable de résister; l'ennemi faisant trophée d'une humiliante générosité, le pressait de se rendre avec son bataillon, qui, disait-il, avait assez fait pour l'honneur. C'est alors que le brave et malheureux général, plus grand encore dans sa défaite que pendant la victoire, fit entendre ces paroles mémorables, ce cri d'une âme courageuse, qui seul suffirait pour immortaliser un guerrier vulgaire, ce cri de vaillance et de dévouement : LA GARDE MEURT ET NE SE REND PAS.

Cependant l'ennemi avance avec rapidité, et le héros reçoit à la tempe gauche, une balle qui lui ouvre le crâne. Il tombe baigné dans son sang, et demeure confondu au milieu des morts.

Pendant que le vaillant Cambronne est plongé dans un évanouissement profond, la déroute s'est consommée. L'armée française fuit de toutes parts; la forêt de Soignes, qui renferme les pièces de l'ennemi, est remplie de fuyards et de mourans. Cambronne revient à lui, il veut se soulever de terre. Ce mouvement le décèle, il est bientôt entouré d'une foule de militaires Anglais, et reste prisonnier entre leurs mains.

Au quartier-général des étrangers, Cambronne trouva l'amiral anglais S. S. Ce dernier ce répandit en invectives outrageantes contre le souverain que Cambronne avait suivi à l'île d'Elbe, et qu'il avait tout récemment encore défendu au péril de ses jours. Cambronne, quoique prisonnier et désarmé, répondit au fier Anglais comme il croyait devoir le faire. Il refusa une somme d'argent que lui offrait S. S., et qu'il voulait lui faire accepter à titre de prêt. Comme ces grands hommes que l'antiquité vante, le prisonnier fut alors plus grand que le vainqueur, et donna une preuve nouvelle de l'ascendant irrésistible qu'exercent toujours le courage et la vertu.

Le colonel Campbell, que Cambronne avait connu à l'île d'Elbe, se montra plus généreux ennemi. Il sut rendre à son prisonnier les honneurs que celui-ci méritait par son caractère et par sa bravoure. Il le conduisit à Bruxelles, et lui parut toujours digne de la plus entière confiance.

En Angleterre, le général fut mis à bord d'un ponton, mais il n'y resta que deux heures. Le comte de Lobau, son ami et son admirateur, obtint du gouvernement anglais qu'ils seraient prisonniers ensemble.

Cependant des événemens mémorables se passaient en France. A la suite de la défaite de Waterloo, Napoléon, songeant moins à sa malheureuse armée qu'à son propre pouvoir, revint à Paris, dans l'intention de faire un nouvel appel à la nation; mais tout était désanchanté. Napoléon, arrivant de l'île d'Elbe, en 20 jours, sans obstacle comme sans effusion de sang, avait pu séduire quelques Français. Napoléon, déserteur de son armée, revenant seul d'un champ de bataille où sa gloire voudrait qu'il fût resté comme Cambronne, ne trouva plus ni partisans ni soldats. L'indignation seule fut son partage. La chambre qu'il avait convoquée le déposa: il partit et courut se livrer à ses plus mortels ennemis, sur la générosité desquels il comptait en vain. Quelques diversités d'opinion se manifestèrent alors ; mais le Roi légitime imposa silence à tous les partis en se venant rasseoir sur un trône qu'il avait été contraint de quitter.

Cambronne, en Angleterre, apprend ces nouveaux événemens. Il apprend et le départ du souverain de l'île d'Elbe, et le retour du monarque désiré. Les circonstances étaient changées. Napoléon perdait en même temps son titre de souverain et sa garde de quatre cents hommes. Cambronne, aiguillonné d'ailleurs par le désir si naturel de retrouver sa patrie, écrivit au ministre de la guerre qu'il le priait de transmettre au Roi de France, et son acte d'adhésion, et son serment de fidélité à son auguste personne.

L'ordonnance du Roi, du 24 juillet, le trouva également en Angleterre. Libre, aux termes du traité de paix, Cambronne aurait pu s'embarquer pour les États-Unis. Il aurait pu rester en Angleterre, dont les constitutions garantissent aux étrangers asile et protection. Mais il avait prêté serment au Roi, et Cambronne n'a jamais manqué à sa parole. Il savait que, même accusé injustement, il devait obéir. Il partit donc d'Angleterre, débarqua à Calais, vint à Paris suivi d'un seul officier, et se présenta au général Despinois, qui le fit conduire à l'Abbaye.

Tel est le simple exposé des actions de cet homme illustre. Solennellement acquitté par un conseil de guerre, il ne peut être défendu de lui rendre, avec la justice qu'il mérite, le tribut d'éloges dûs à une si antique vertu. Son caractère, assez bien peint par ses actions, est essentiellement franc et loyal. Sobre et modéré, le général Cambronne est étranger à tous les excès; son humeur est quelque fois emportée; mais son cœur est un trésor. Tous les soldats sous ses ordres le chérissent également, quoiqu'il soit toujours sévère à leur égard. C'est qu'il est aussi toujours juste. Hors du service, il est affable et obligeant. Dur envers lui-même plus qu'envers ses subordonnés, Cambronne s'est toujours distingué par son humanité et sa philantropie. Son caractère se compose de deux élémens qui d'abord semblent incompatibles, mais qu'on trouve souvent réunis dans la même personne. C'est une brusquerie, un emportement, quelquefois extrême, et une sensibilité profonde.

Sa mère, qui existe encore, est l'objet de sa plus touchante tendresse. Il ne peut entendre parler d'elle sans attendrissement. Aucun danger ne l'épouvante; il verra d'un œil sec la mort et la douleur. Parlez-lui de sa mère, il versera des larmes.

Personne au monde n'est plus religieux observateur des sermens. Il pousse cette délicatesse jusqu'au scrupule, défaut bien estimable dans un temps où l'excès opposé est si ordinaire; défaut qui ne peut appartenir qu'à une âme généreuse. En voici un exemple très-remarquable.

Le général Cambronne s'est fait une habitude de sobriété dont il s'écarte rarement. Un jour que, dînant avec ses frères d'armes, il avait pris un peu plus de vin que de coutume, une querelle s'éleva entre lui et l'un de ses amis. La dispute s'étant échauffée, on sait trop comment doivent se terminer ces sortes de différens, surtout entre militaires, Cambronne eut le malheur d'étendre son ami sur le carreau; il le crut mort; une révolution soudaine s'opéra dans sa tête.

Rendu à la raison, désolé de sa conduite, il jura de se passer de vin pendant quatre ans, et de ne boire de liqueurs de sa vie. Quoique son ami ait survécu à ses blessures, croirait-on que, fidèle à son serment, Cambronne ait été, non pas quatre ans, mais neuf ans sans boire autre chose que de l'eau, et que jamais depuis il n'ait bu de liqueurs?

Le procès que nous allons présenter à nos lecteurs apprendra d'autres détails que nous ne donnerons pas. Nous dirons seulement que le général Cambronne, dans l'incertitude où il se trouvait, s'était, plusieurs jours avant son jugement, préparé à la mort. Irrévocablement déterminé à ne se point pourvoir, à ne point réclamer de grâce, il avait résisté aux représentations de son avocat et de son conseil. Mais il craignait que leur amitié, mal convaincue, ne les engageât à faire en sa faveur des démarches qu'il repoussait. En conséquence il avait, en quittant le tribunal, préparé une lettre à M. le comte Despinois, qu'il devait lui envoyer aussitôt après la lecture de sa condamnation, et dans laquelle il réclamait, disait-il, de l'*humanité* de M. le général Despinois de presser son exécution, et de repousser toutes les démarches qui pourraient être tentées pour le sauver. Si je suis innocent, disait-il, je serai acquitté; si jai manqué à l'honneur, on doit me condamner, j'ai mérité la mort.

Le général Cambronne, préparé à tout, attendait son arrêt avec calme et résignation. Il avait soupé comme à l'ordinaire, et n'avait témoigné ni crainte ni espoir. Quand la nouvelle de son absolution lui fut annoncée, il ne put maîtriser un sentiment de joie. Toutes les personnes qui étaient dans la prison se pressèrent dans sa chambre : ses amis, son conseil, son avocat, les généraux détenus comme lui, leurs femmes, leurs filles, leurs enfans, tout pleurait de joie, et bénissait le ciel. Lui seul ne disait rien. Son front était calme comme sa conscience, son cœur seul trésaillait de contentement. Un jugement mémorable venait de déclarer qu'il n'avait point manqué à l'honneur.

CONSEIL DE GUERRE PERMANENT

De la 1re. division militaire du département de la Seine.

PROCÈS

DU MARÉCHAL-DE-CAMP,

BARON CAMBRONNE,

COMMANDANT DE LA LÉGION D'HONNEUR.

Séance du 26 avril 1816.

CETTE époque est douloureusement fertile en procès aussi fameux qu'affligeans. Celui dont nous allons donner l'exposé à nos lecteurs se distingue essentiellement de ceux qui l'ont précédé, par l'admiration que font naître le caractère de l'accusé, sa longue carrière militaire, et les cicatrices nobles et nombreuses dont il est, pour ainsi dire, sillonné. On ne doit point rougir de l'intérêt qu'inspire un si vaillant guerrier, non moins illustré par ses trophées récens, que par ceux qu'il a remportés depuis vingt années. Aussi le public a-t-il témoigné pour cette affaire des sentimens qu'on aurait tort de confondre avec ceux d'une vaine curiosité. Dès neuf heures du matin, les portes étaient ouvertes à une foule d'assistans qui se pressaient dans l'étroite enceinte du conseil de guerre.

Trois rangs de dames se faisaient remarquer par l'attitude réservée, et par l'attendrissement qui ne les a point abandonné pendant tout le cours des débats.

A onze heures et un quart le conseil est monté. Tous les membres qui le composent sont revêtus de plusieurs ordres. Un fauteuil est préparé pour l'accusé, auprès de son défenseur, et devant M. le chef de bataillon-rapporteur. Cependant le général Cambronne n'est point encore dans la salle.

Composition du Conseil.

Président, le maréchal-de-camp Latour-Foissac.

Juges, les maréchaux-de-camp Edmond de Périgord, et de la Chevallerie; le colonel Moulin; les chefs d'escadron vicomte de Pons, et comte Louis de Vergennes; le capitaine Goui.

Procureur du Roi, le capitaine Duthuit.

Rapporteur, le chef de bataillon Delon.

Greffier, M. Boudin.

La Séance s'ouvre à onze heures et un quart.

M. le président lit l'ordre de convocation, motivé sur l'accusation intentée au général Cambronne d'avoir attaqué le gouvernement du Roi à main armée, et signé Despinois.

Il lit ensuite une autre lettre qui annonce que M. le colonel Marcillac, retenu par indisposition, sera remplacé par M. le colonel Moulin.

M. le Rapporteur lit les pièces du procès. Il n'y a point d'acte d'accusation, l'ordonnance du 24 juillet en tenant lieu. Les pièces sont peu nombreuses; elles se composent de plusieurs lettres annonçant, les unes, que le général Cambronne absent devait être d'abord réputé contumax ; les autres, qu'il s'est rendu en France, et s'est constitué prisonnier. Plus, quatre interrogatoires prêtés par le maréchal-de-camp Cambronne, devant M. le chef de bataillon-rapporteur. Ces interrogatoires forment la masse des accusations dirigées contre le général Cambronne, et des moyens de défense de l'accusé.

Le rapporteur s'est interrompu au milieu de ces interrogatoires, pour lire une lettre au ministre de la police, dont il est parlé dans les réponses de M. le maréchal-de-camp. Cette lettre est datée d'Alsburton, et a pour but d'annoncer que le général a l'intention de retourner en France, le traité de paix lui permettant de quitter l'Angleterre.

Le rapporteur a lu également des lettres de différens ministres, ayant pour but d'attester que, suivant ses dépositions, le général Cambronne n'a point reçu d'ordres du Roi depuis le 20 mars 1814, jusqu'au 20 mars 1815, et qu'il n'a point envoyé d'adhésion au gouvernement royal.

Voici le texte des plus importantes de ces pièces.

Extrait de la lettre de M. le comte Curial, à M. le rapporteur.

Il est très-vrai que j'ai reçu à Nancy une lettre de M. le maréchal-de-camp Cambronne, datée de l'île d'Elbe.

Elle finissoit, autant qu'il m'en souvient, à peu près ainsi :

« Je réclame et je compte toujours sur votre bienveillance, mon général, pour m'obtenir, dans le cas où je quitterais le service de Napoléon, la permission de rentrer en France, et d'aller passer le restant de mes jours auprès de ma vieille et bonne mère. »

Signé Curial.

Paris, le 21 mars 1816.

Lettre de Cambronne au ministre de la guerre, en lui envoyant son adhésion au gouvernement royal.

Monseigneur,

J'ai l'honneur de vous envoyer ci-joint ma soumission à S. M. Louis XVIII, Roi de France, que je vous prie d'avoir la bonté de lui mettre sous les yeux.

Je désire être à même de pouvoir vous en témoigner toute ma reconnaissance, et je vous prie de me croire avec le plus profond respect.

Votre, etc.

Cambronne.

Alsburton, le 20 juillet 1815.

Acte d'adhésion de Cambronne au gouvernement du Roi.

Sire,

Major au premier régiment de chasseurs à pied de la garde, le traité de Fontainebleau m'imposa le devoir de suivre l'empereur à l'île d'Elbe. N'existant plus, j'ai l'honneur de prier V. M. de recevoir ma soumission et mon serment de fidélité.

Si ma vie, que je crois sans reproche, me donne des droits à votre confiance, je demande mon régiment. En cas contraire, mes blessures m'en donnent à la retraite, qu'alors je solliciterai, regrettant d'être privé de servir ma patrie.

J'ai l'honneur d'être, etc.

Alsburton, le 20 juillet 1815.

Lettre de Cambronne à S. Exc. Mgr. le ministre de la guerre, sur son retour en France.

Monseigneur,

Apprenant que la paix est prochaine, que les prisonniers de guerre doivent s'attendre à rentrer en France, j'ai l'honneur de prier V. Exc. d'avoir la bonté d'ordonner au chef de la police où l'on nous débarquera, de me donner une feuille de route pour me rendre à Paris, dans le délai que vous jugerez convenable, y enjoignant journellement ce que vous voudrez, pour que je me présente à telle autorité qu'il vous plaira, ce qui m'éviterait d'être conduit par la gendarmerie.

Mon intention n'est pas de me soustraire à l'ordonnance du Roi, au contraire, de me constituer prisonnier à Paris le plus tôt que je pourrai.

Je vous donne ma parole d'honneur de me conformer à vos ordres, si vous pouvez acquiescer à ma demande sans vous compromettre, dont je vous aurai une éternelle reconnoissance.

J'ai l'honneur, etc.

CAMBRONNE.

Alsburton, le 10 octobre 1815.

Lettre écrite par Cambronne au ministre, en quittant l'Angleterre.

Monseigneur,

J'ai l'honneur de prévenir V. Exc. que je pars aujourd'hui pour me rendre Paris, pour y être jugé conformément à l'ordonnance du Roi. Je passe par Calais, où je compte descendre.

J'ai l'honneur, etc.

Alsburton, le 13 novembre 1815.

Le rapporteur joint à la lecture de ces pièces les articles du traité de 1814, qui laissent à Bonaparte la souveraineté de l'île d'Elbe, et 400 hommes de bonne volonté.

Nous donnerons la substance des interrogatoires; quoiqu'ils ne soient pas textuellement identiques, nous osons espérer que rien n'est ajouté, et que rien n'est omis de ce qui présente quelque intérêt.

INTERROGATOIRES

Prêtés par le Maréchal-de-Camp, Baron CAMBRONNE, devant M. le chef de bataillon-rapporteur.

DEMANDE. QUELS sont vos noms, prénoms, âge et qualités?

RÉPONSE. Je me nomme Jacques-Etienne Cambronne, né le 26 décembre 1772, à Nantes, département de la Loire-Inférieure; je suis baron, maréchal-de-camp, et commandant de la légion-d'honneur.

D. M. le général, pourquoi avez-vous été arrêté?

R. Prisonnier en Angleterre, et délivré par suite du traité de paix, lorsque j'eus connaissance de l'ordonnance du 24 juillet, j'écrivis à S. Ex. le ministre de la police générale pour lui annoncer que je rentrais en France dans l'intention de donner une preuve de ma soumission à Sa Majesté. Je demandai de pouvoir me rendre librement à Paris. A Calais, je me présentai au commandant de la place, et je partis pour Paris, où j'allai trouver M. le général Despinois, qui m'a fait conduire à l'Abbaye.

D. Quelles étaient vos fonctions au premier mars 1814?

R. J'étais général de brigade, commandant le premier régiment des chasseurs à pied de la vieille garde.

D. Où étiez-vous lors de l'abdication de Napoléon?

R. A Fontainebleau, retenu au lit par suite des blessures que j'avais reçues à la bataille de Craone et sous les murs de Paris.

D. Avez-vous suivi l'exemple de l'armée qui, à cette époque, est rentrée sous l'obéissance de ses légitimes souverains?

R. Le traité du 11 avril 1814 ayant accordé à Napoléon, avec le titre d'empereur, l'autorisation d'emmener 400 hommes, je me suis fait un devoir de partager son sort, et j'ai accepté le commandement de ses troupes. N'ayant pas quitté mon ancien souverain, je me suis considéré comme n'étant plus Français, et ne devant aucun serment au Roi de France.

D. Où vous trouviez-vous au premier mars 1815?

R. Parti de l'île d'Elbe avec Napoléon, nous étions au golfe Juan.

D. Qu'avez-vous fait du premier au vingt mars?

R. J'ai commandé l'avant-garde de Napoléon jusqu'à trois lieues avant Lyon; depuis, j'ai cessé d'avoir un commandement.

D. Qu'êtes-vous devenu depuis le 20 mars dernier jusqu'au jour de votre rentrée en France, venant d'Angleterre?

R. J'ai repris le commandement du premier régiment de chasseurs à pied de la garde. Ensuite, je fus promu au grade de lieutenant-général que je refusai. Je quittai Paris avec la garde lorsqu'elle partit joindre l'armée. Laissé pour mort à la bataille du 18 juin, je fus pris par les Anglais, et conduit en Angleterre.

D. Quelles étaient vos fonctions à l'île d'Elbe?

R. Je commandais la place de Porto-Ferrajo.

D. N'avez-vous adressé au Roi aucun acte de soumission, après le 11 avril 1814, avant de quitter la France, pendant votre séjour à l'île d'Elbe, et depuis votre débarquement?

R. Me considérant comme sujet d'un souverain étranger, je ne m'y suis pas cru obligé. Je me suis borné pendant mon séjour à l'île d'Elbe, à une époque dont je ne me rappelle pas, d'écrire à M. le lieutenant-général, comte Curial, pour l'inviter à me conserver sa bienveillance, et lui faire part du désir d'employer son crédit, dans le cas où la mort de Napoléon me laisserait libre, pour rentrer en France et reprendre ma qualité de citoyen français. Je n'ai pas reçu de réponse.

D. N'avez-vous pas, depuis votre sortie de France, ou pendant votre séjour à l'île d'Elbe, reçu des ordres annulant l'autorisation de passer à un service étranger.

R. Je n'ai jamais reçu d'ordre semblable.

DEUXIÈME INTERROGATOIRE.

D. Que faisiez-vous à l'île d'Elbe?

R. J'étais Commandant de la place de Porto-Ferrajo.

D. A quelle époque connûtes-vous le projet de Napoléon de sortir de l'île d'Elbe ?

R. Trois jours avant l'embarquement, Napoléon m'ordonna de me tenir prêt à partir, sans me donner connaissance de ses desseins. Il me défendit également de divulguer ce départ. Ce ne fut qu'à bord des bâtimens qu'il nous dit que nous allions en France ; il était sur le pont, et portait la cocarde tricolore à son chapeau.

D. Ne fîtes-vous aucune observation ?

R. Les troupes poussaient des *Vivat*. Soldat et sujet, je crus n'avoir qu'à obéir.

D. Avant votre départ de l'île d'Elbe, n'avez-vous fait aucun voyage en France ?

R. Non, Monsieur.

D. Si vous n'avez pas fait des voyages ayant pour objet de préparer la réussite de l'invasion, n'avez-vous pas entretenu quelques correspondances avec les partisans de Bonaparte et les ennemis du légitime souverain ?

R. Jamais, en aucune occasion, je n'ai parlé ni écrit sur la politique ; je ne m'occupe que de mon état et de mes soldats. Pendant mon séjour à l'île d'Elbe je n'ai écrit qu'à ma mère, qui habite près de Nantes, et une fois à M. le comte Curial, pour le prévenir que j'aurais recours à sa protection, si je me décidais, quelque jour, à quitter Napoléon, afin de m'obtenir une permission de rentrer en France.

D. N'ayant accompagné Napoléon à l'île d'Elbe que par suite d'un traité, vous n'aviez besoin d'aucune protection pour rentrer en France, puisque l'article 18 de ce traité vous laissait pendant trois ans cette faculté ?

R. Ayant accepté les fonctions de commandant de Porto-Ferrajo, ayant suivi Napoléon, peu au fait des droits politiques, je croyais avoir perdu la qualité de Français. Je me croyais étranger à la France, et ne pouvoir y rentrer sans autorisation.

D. Vous prétendez qu'en portant les armes contre la France vous avez agi comme étranger ; je dois vous faire observer que, dans l'hypothèse même où Napoléon eût été autorisé par le droit des nations à faire la guerre à la France, vous ne pouviez vous considérer que comme un Français au service de l'étranger, et qu'alors les lois de l'honneur vous défendaient de porter les armes contre votre pays ?

R. J'étais passé au service du souverain de l'île d'Elbe par suite d'un traité ; j'ai cru qu'étant, par ce traité, sujet de Napoléon sans restriction, les liens qui m'attachaient à la France étaient rompus, et que je devais obéir à celui que je n'avais pas cru devoir abandonner, par cela même qu'il était malheureux.

D. D'après le sens du traité, vous ne perdiez la qualité des Français qu'au bout de trois ans ?

R. Je me suis regardé comme étranger du moment où Napoléon a été reconnu souverain de l'île d'Elbe. C'est pour cette raison que je n'ai fait aucun acte d'adhésion, même au gouvernement provisoire. Ce n'est que le 20 juillet dernier que, dégagé de mes sermens, j'ai adressé d'Angleterre, au ministre de la guerre, mon adhésion au gouvernement royal. J'ai considéré l'article 18 du traité comme facultatif, et voilà dans quel sens j'ai écrit au comte Curial.

TROISIÈME INTERROGATOIRE.

D. Vous avez déclaré que trois jours avant de quitter l'île d'Elbe, Napoléon vous donna l'ordre de vous tenir prêt à partir, sans vous faire connaître son dessein, et qu'il ne vous en instruisit, ainsi que la troupe, que deux ou trois jours après son départ ; comment se fait-il que Napoléon, qui avait découvert son dessein aux généraux Bertrand et Drouot, ne vous ait pas fait la même confidence, vous sur le dévouement duquel il n'avait probablement aucun doute ?

R. Après m'avoir donné l'ordre de me tenir prêt, Napoléon me dit : *Cambrone, où allons-nous* ? Je répondis : *Je n'ai jamais cherché à pénétrer les secrets de mon souverain ; je vous suis tout dévoué*. Napoléon n'ajouta rien de plus.

D. Instruit que les projets de Napoléon avaient pour but une invasion en France, et le détrônement du souverain légitime, n'avez-vous pas réfléchi sur la déloyauté, les difficultés, les dangers d'une telle entreprise, et sur les malheurs dont elle devait être suivie ?

R. Soldat et sujet, je ne pouvais abandonner mon souverain sans lâcheté. J'ai rejété toute réflexion ; mon devoir l'a emporté.

D. Vous vous regardiez comme sujet de Napoléon souverain étranger, et qui avait renoncé à toute domination sur la France et l'Italie : quand vous avez appris qu'il attaquait la France sous le titre d'empereur des Français, ne deviez-vous pas vous croire dégagé de vos devoirs envers lui ?

R. Ne me considérant plus comme Français, j'ai dû une obeissance passive à Napoléon. Les titres qu'il a pris à son arrivée en France ne lui ôtaient pas celui de souverain de l'île d'Elbe ; les mêmes devoirs me liaient à lui ; les mêmes devoirs me faisaient agir.

D. Avez-vous eu connaissance de l'ordonnance du 6 mars de l'année dernière ?

R. Non, monsieur.

D. Cette ordonnance ayant eu la publicité que l'on donne à tous les actes émanés de l'autorité souveraine et législative, tous les habitans de la France étaient censés la connaître et tenus de lui obéir. Elle avait pour but d'ordonner à tous les Français égarés ou séduits de se détacher de Napoléon. Pourquoi n'avez-vous pas obéi ?

R. J'ose assurer avec vérité que je n'ai eu connaissance de cette ordonnance que depuis ma détention. Mais je l'aurais connue, que je n'aurais pas cru devoir m'y soumettre, puisque je me regardais comme sujet d'un souverain étranger.

D. N'avez-vous pas signé une proclamation datée du premier mars et du golfe Juan, par laquelle tous les Français étaient invités à quitter leur légitime souverain pour s'unir à Napoléon ?

R. J'ai signé une proclamation sous cette date. Napoléon l'avait redigée lui-même, et d'après ses ordres, tous les militaires qui savaient écrire l'on signée.

D. Vous n'êtes donc ni l'auteur ni l'un des redacteurs de cette proclamation?

R. Non, monsieur.

D. Pourquoi signer une proclamation si incendiaire, si contraire au droit des gens, dans la supposition même où Napoléon aurait été un souverain étranger?

R. Sujet de Napoléon, je lui devais obéissance.

D. Je vous présente une proclamation insérée dans le moniteur du 21 mars 1815. La reconnoissez-vous pour celle dont il est question?

R. La proclamation que vous me présentez n'est pas celle que j'ai signée. Elle ne renfermait pas les personnalités que l'on trouve dans celle du moniteur. Je ne crois pas devoir la signer (1).

D. Vous ne reconnaissez pas cette proclamation pour être celle dont il s'agit. Je vous en présente une en placard, sous la même date. La reconnaissez-vous, et consentez-vous à la signer?

R. Quoique différente de la première, celle-ci n'est pas encore la copie exacte de celle que Napoléon à redigée. Je ne crois pas devoir la signer.

D. Puique vous ne reconnaissez aucune de ces proclamations pourriez-vous me présenter l'original ou la copie manuscrite ou imprimée de la véritable?

R. Napoléon ne l'a pas laissée entre nos mains; je

---

(1) On lit à l'audience cette proclamation. Elle est remplie d'invectives, de personnalités outrageantes pour la majesté royale, la famille de S. M., et les armées royales de la Vendée. M. le président en interrompt la lecture commeinutile.

l'ai lue une seule fois, et je n'en ai jamais possedé ni manuscrit, ni exemplaire imprimé.

D. Dites-nous donc dans quel sens, dans quel esprit elle était redigée?

R. Elle invitait les troupes à s'unir à Napoléon.

D. A cette invitation, n'avait-on pas joint des paroles injurieuses au Roi ou à son auguste famille? N'engageait-on pas à fouler aux pieds les signes du gouvernement royal?

R. Je crois bien me rappeler qu'en invitant l'armée à s'unir à Napoléon, on l'invitait en même temps à changer de cocarde, mais il n'y avait pas d'ordre de fouler aux pieds les signes de la royauté. Il n'y avait pas non plus de personnalités contre S. M. et la famille royale.

D. La commission de gouvernement provisoire a ordonné que les généraux Bertrand et Douot seraient payés de leur traitement depuis le départ pour l'île d'Elbe. Vos appointemens ne vous auraient-ils pas été payés par suite d'une pareille décision?

R. Non, Monsieur. Je vous en fournit la preuve dans deux certificats délivrés par MM. les quartiers-maîtres, et certifiés par M. le sous-inspecteur aux revues.

D. Vous avez dit, à l'appui de l'opinion où vous étiez, que vous n'étiez plus Français; que prévoyant peut-être le moment où vous vous décideriez à quitter Napoléon pour rentrer en France, et y vivre dans vos foyers, vous aviez écrit à M. le lieutenant-général comte Curial pour lui demander sa protection dans le cas où vous voudriez rentrer en France. Vous aviez demandé qu'on joignît cette lettre aux pièces du procès. Je n'ai pu me la procurer ni l'obtenir. Je vous présente une lettre qui m'a été écrite par M. le général Curial. Les expressions qu'il vous attribue sont-elles celles dont vous vous êtes servi?

(*Nota*) M. le maréchal-de-camp Cambronne ayant

pris lecture de cette lettre, a déclaré que le paragraphe qui le concernait était ce qu'il avait écrit à ce général.

D. Depuis que vous avez quitté la France pour suivre Napoléon, vous prétendez n'avoir agi que comme sujet d'un souverain étranger, et avoir perdu la qualité de Français. Pourquoi avez-vous donc accepté la fonction de pair dans la chambre créée par Napoléon, et pourquoi y avez vous siégé?

R. Avant que Napoléon eut été, de fait, chef du Gouvernement français, j'ai agi comme sujet d'un souverain étranger. Quand il a été placé à la tête du Gouvernement de la France, les raisons qui m'avaient fait renoncer à ma qualité de Français ont cessé, et j'ai repris cette qualité, d'autant plus que j'étais dans le délai prescrit par le traité du 11 avril.

D. Puisque vous croyiez vous devoir en entier à Napoléon, pourquoi ne l'avez vous pas suivi à l'île Sainte-Hélène, ou du moins n'avez-vous pas demandé à le faire?

R. Les circonstances étaient changées. Il ne lui était plus accordé de troupes; il n'était plus souverain; sa seconde abdication m'avait délié de mes sermens. J'ai cru devoir et pouvoir me soumettre au gouvernement du Roi, et c'est pour cela que j'ai écrit au ministre de la guerre, *le 20 juillet*, pour le prier de transmettre à Sa Majesté mon acte de soumission. C'est encore par suite de ce serment, qu'ayant appris en Angleterre que j'étais compris dans l'Ordonnance du 24 *juillet*, je me suis empressé de donner une preuve de soumission au souverain auquel j'avais juré fidélité. J'ai écrit à S. Exc. le ministre de la police pour lui faire part qu'aussitôt que j'aurais recouvré ma liberté, je m'empresserais de comparaître devant le tribunal qui devait me juger. J'ai exécuté cette résolution aussitôt que la paix m'a permis de quitter l'Angleterre.

D. Je vous présente une lettre signée de vous,

datée d'Alsburton, du 10 octobre 1815. La reconnaissez-vous pour celle que vous avez écrite au ministre de la police, et voulez-vous la signer?

R. Je reconnais cette lettre et je consens à la signer.

QUATRIÈME INTERROGATOIRE.

D. Nous vous présentons l'acte de soumission au Roi, et la lettre d'envoi de cette pièce, en date d'Alsburton le 20 juillet. Reconnaissez-vous ces pièces?

R. Je les reconnais parfaitement, et je consens à les signer.

D. Monsieur le général, vous êtes traduit devant le premier conseil de guerre permanent de la première division militaire, prévenu de délits spécifiés en l'ordonnance du 24 juillet dernier, savoir : 1°. de trahison envers le Roi avant le 23 mars; 2°. d'avoir attaqué la France et son gouvernement à main armée; 3°. d'avoir usurpé le pouvoir par violence. Avez-vous quelques moyens de justification à ajouter à ceux déjà consignés en l'interrogatoire?

R. J'avais prêté serment de fidélité à Napoléon. Autorisé par un traité, je l'ai suivi à l'île d'Elbe. Sa deuxième abdication m'ayant dégagé de mes devoirs envers lui, j'ai envoyé, le 20 juillet dernier, mon acte de soumission à S. M. Louis XVIII. Je ne pouvais donc trahir le Roi avant cette époque. Depuis, loin de me rendre coupable d'un pareil crime, j'ai donné des preuves de mon obéissance, lorsque j'ai eu connaissance de l'ordonnance du Roi du 24 juillet; quoiqu'en pays étranger, et libre de ne pas revenir en France, je me suis constitué prisonnier quand cela m'a été permis par suite du traité de paix. Je n'ai en aucune manière usurpé le pouvoir par violence quand j'ai suivi Napoléon à son départ de l'île d'Elbe. J'ai toujours agi dans la conviction que j'étais son sujet et étranger. Je me regarde donc comme innocent des crimes dont je suis accusé ; certain de l'impartialité de mes juges, j'attends avec une respectueuse confiance qu'ils prononcent sur mon sort.

D. La loi vous autorise à prendre un défenseur, avez-vous fait ce choix ?

R. J'ai choisi M. Berryer fils pour me défendre.

Monsieur le rapporteur lit ensuite des certificats délivrés au général Cambronne, qui prouvent que, pendant les guerres de la Vendée, ce militaire s'est rendu aussi recommandable par son humanité que par sa bravoure. Monsieur le rapporteur observe que l'accusé l'a prié de joindre ces pièces à celles du procès, et qu'il l'a fait, persuadé que l'humanité et la justice lui ordonnaient d'agir ainsi, dans une affaire d'opinion et attentatoire à la moralité de l'accusé.

Lettre du général Cambronne à M. le chef de bataillon-rapporteur.

Colonel,

J'ai l'honneur de vous envoyer ci-joint quatre certificats que je vous prie de joindre à la procédure, afin que l'on voie que je ne fis jamais la guerre à l'opinion, mais seulement sur le champ de bataille, et encore, quand la victoire était déclarée, je faisais ce que l'humanité commande.

J'ai l'honneur, etc.,

Signé le baron CAMBRONNE.

Premier Certificat.

Nous, curé de Ville-l'Évêque, diocèse d'Angers, département de Maine-et-Loire, soussigné, certifions que, l'an 1792, au mois de juin, étant poursuivi par les révolutionnaires à Nantes, et ne sachant où me réfugier, le sieur Cambronne, devenu depuis général de l'usurpateur, vint me trouver dans le lieu de ma retraite, et me conduisit chez madame sa mère, en la priant de me donner chez elle un asile où je serais en sûreté, en ajoutant que, quoique sa façon de penser ne fût pas conforme à la mienne, il étoit d'un bon cœur de sauver un malheureux. J'ai demeuré deux mois chez madame sa mère; il ne m'est arrivé aucun désagrément, et il s'occupait de moi. En foi de quoi j'ai délivré le présent certificat, pour servir et valoir ce que de raison.

Ville-l'Évêque, ce 18 février 1816.

Signé DUMENIL.

Deuxième Certificat.

Je soussigné, ancien commandant-général des gardes nationales du district de Nantes, ancien adjudant-général, chevalier de l'ordre royal et militaire de Saint-Louis, officier de la légion d'honneur, ex-membre de la Chambre des députés, certifie avoir eu connaissance que, lors de la descente à Quiberon, M. le général Cambronne, alors officier dans la Légion Nantaise, s'empressa de rendre à mon neveu, M. Pauon de Faymoreau, officier au régiment de Rohan-Soubise, qui avait été fait prisonnier, tous les services qui dépendaient de lui. On m'assura, dans le temps, que mon neveu eût été sauvé par ses soins, sans un événement malheureux que M. Cambronne ne pouvait prévoir. En foi de quoi, etc.

Le 25 janvier 1816.

Signé le baron D'EURBROUCQ.

Troisième Certificat.

Devant Me. Francheteau, etc., est comparu Yves Chataignier, etc.

Ledit Yves Chataignier déclare qu'en 1793, lors de la première guerre de la Vendée, dont il faisait partie, il se présenta avec une division de l'armée royale dans les environs du château d'Aux, sur la rive gauche de la Loire; que les troupes républicaines qui étaient en garnison dans le château firent une sortie de nuit; que lui, déclarant, fut fait prisonnier avec onze autres personnes; qu'ils furent tous douze conduits devant une commission organisée par le comité révolutionnaire de Nantes, alors en vigueur; que M. Cambronne, alors officier dans la Légion Nantaise, fit tout ce qui dépendait de lui pour sauver ces douze prisonniers, qu'il ne put parvenir, malgré tous ses efforts, qu'à sauver lui, déclarant, et un nommé *Joseph*, natif de Rennes, mais dont le déclarant ne se rappèle pas le nom de famille; qu'il est à sa connaissance que, pour parvenir à le sauver, M. Cambronne le fit sortir, de sa propre autorité, d'une chambre où il était avec les autres prisonniers, et que ce fut en le prenant sous sa protection et en en répondant sur sa tête, qu'il parvint à lui sauver la vie en le recommandant aux chefs qui commandaient au château d'Aux. Le déclarant ajoute que ce qui intéressa particulièrement M. Cambronne en sa faveur, c'était son jeune âge.

De laquelle déclaration nous avons rapporté acte, etc.

Quatrième Certificat.

Je soussigné, Joseph Rado Dumatz, maire de la commune de Liegonne, certifie et atteste que lors de la descente des armées royales à la presqu'île de Quiberon, en 1795, commandées par MM. les généraux de Puisaye et Sombreuil, faisant partie de ladite armée en qualité de capitaine de grenadiers; qu'à cette malheureuse affaire de Quiberon, je fus fait prisonnier; qu'un instant après ce combat, je rencontrai M. le général Cambronne, duquel je réclamai la protection pour moi et mes camarades d'infortune, comme l'ayant connu autrefois. Il servait à cette époque dans la Légion Nantaise. Je crois, en ma qualité de capitaine de carabiniers, il est à ma connaissance qu'il fit tous ses efforts pour rappeler les soldats dans l'ordre et les empêcher de se porter à des excès envers de malheureux prisonniers; que M. le général Cambronne, arrivé au fort Penthièvre à Quiberon, me procura, ainsi qu'à plusieurs de mes camarades, les moyens de sortir du fort, espérant que peut-être nous eussions été assez heureux pour gagner les campagnes et nous échapper du danger. Nous fûmes arrêtés, peu d'instans après notre fuite, par un corps d'observation; et, redevenu prisonnier, il est en outre à ma connaissance que, rendus dans les prisons d'Auraye, M. le général Cambronne y parut souvent. Sa généreuse humanité le porta à nous procurer des secours dont nous avions besoin, et qui quelquefois nous étaient refusés. Il compatissait à notre sort; lui-même me proposa des moyens de sortir des prisons, ce qui ne put avoir lieu, ayant été presqu'aussitôt transféré dans les prisons de Vannes.

En foi de quoi,

Signé, RADO-DUMATZ.

Cinquième Certificat.

Nous, anciens officiers, sous-officiers et soldats de

la ci-devant Légion Nantaise, demeurant à Nantes, certifions qu'étant en garnison au Croisie, en 1793, M. le général Cambronne, alors lieutenant dans ladite Légion Nantaise, fut désigné au nombre des quarante officiers et sous-officiers qui devaient être arrêtés lors du voyage de l'adjudant-commandant Fouquet, dans ladite ville de Croisie, par ordre du comité révolutionnaire ;

Qu'un des chefs d'accusation contre ces officiers était qu'ils couchaient dans une chambre où existait une tapisserie de papier couverte de médaillons représentant le portrait de Lonis XVI ;

Qu'il y eut un projet de se défaire de cet adjudant ; que M. Cambronne s'y opposa, en démontrant que cet homme n'avait point de troupes pour exécuter son entreprise ;

Qu'en effet, ce Fouquet fut chassé honteusement par M. le général Cambray, et guillotiné 12 à 15 jours après à Nantes.

(*Suivent les signatures.*)

M. le général Cambronne est introduit dans la salle à midi ; une grande rumeur se manifeste dans l'assemblée, dont une partie se lève pour voir entrer l'accusé. Il est en habit de général et décoré de la croix de commandant de la légion d'honneur. Son attitude est calme et sa démarche assurée. On remarque sur son visage presque défiguré par la dernière blessure qu'il reçut à Waterloo, ce caractère d'intrépidité qui le distingue particulièrement.

INTERROGATOIRE DU GÉNÉRAL CAMBRONNE.

D. Quels sont vos noms, prénoms, âge et qualités?

R. Je me nomme Pierre-Jacques-Étienne Cambronne; je suis né le 26 décembre 1770, à Nantes; je suis commandant de la légion d'honneur, maréchal-de-camp et baron.

D. Lorsque Bonaparte débarqua en France, vous aviez un commandement dans ses troupes?

R. Oui, général.

D. Quand à Lyon vous quittâtes ce commandement, vous donna-t-il une autre mission?

R. Napoléon ne me donna qu'un ordre (le général tire un papier de sa poche et lit d'une voix animée). « Cambronne, je vous confie le plan de ma plus belle « campagne; tous les Français m'attendent avec impa- « tience; vous ne trouverez par-tout que des amis; je « ne veux pas que ma couronne coûte une seule « goutte de sang aux Français. »

D. Mais Bonaparte ne vous retira ce commandement que pour vous en donner un plus important?

R. Non, général; je suis revenu comme un particulier, seul, à cheval, tantôt en avant, tantôt à côté de Napoléon.

D. Comment se fait-il que Bonaparte vous ait ôté votre commandement sans vous en donner un autre?

R. Ne devait-il pas avoir confiance en tous les généraux qui se joignaient à lui; leurs troupes échelonnées sur la route allaient beaucoup plus vîte que les nôtres.

D. Lorsque vous quittâtes votre troupe, vous reçûtes probablement des ordres pour la prétendue campagne que Napoléon voulait faire?

R. J'ai répondu à cette question dans mes précédens interrogatoires; j'ai dit que deux ou trois jours après notre embarquement, Napoléon parut sur le pont la cocarde tricolore au chapeau; qu'il nous déclara son projet, et qu'il fut accueilli par les acclamations de ses soldats.

D. Je vous demande seulement à quelle époque il vous retira votre commandement ?

R. Je crois que c'est le deuxième jour après le débarquement.

D. Qui vous donna cet ordre ?

R. Napoléon lui-même.

D. Vous avez pris alors un autre commandement ?

R. Oui, général.

D. Qui vous transmettait les ordres ?

R. Les généraux, ou Napoléon lui-même.

D. N'y avait-il pas une personne spécialement chargée de cette affaire ?

R. C'était ordinairement le grand maréchal du palais.

D. Ces ordres étaient-ils écrits ? en avez-vous conservé quelques-uns ?

R. Non, ils étaient toujours verbaux ; ils se réduisaient à ceci : vous vous arrêterez à tel endroit, vous coucherez à tel autre, vous irez en avaut.

D. Dans le cas où vous auriez trouvé de la résistance, Bonaparte vous a-t-il donné des instructions.

R. Il ne s'en est pas trouvé.

D. Mais il pouvait y en avoir ?

R. Napoléon nous avait dit que nous ne trouverions que des amis, ce qui est arriv .

D. Vous marchiez militairement ?

R. Nous allions le plus vîte possible.

Monsieur le Procureur du Roi se lève :

J'ai lieu d'être surpris qu'on n'ait assigné aucun témoin ; le général Cambronne a demandé des réquisitions ; le duc de Valentinois et le maire de Cannes auraient pu nous donner des détails précieux sur cette affaire ; il est facheux que Monsieur le rapporteur n'ait pas cru devoir les entendre. Leurs dépositions nous auraient appris quel titre on prenait lorsqu'on débarquait en France, et l'on ne viendrait pas nous dire qu'on s'est cru étranger.

Monsieur le rapporteur :

On aurait dû me désigner les témoins qu'il fallait entendre ; quelque individu, animé du désir de faire connaître la vérité, aurait dû m'informer des personnes dont les dépositions auraient pu servir à la cause. J'ai écrit au ministre, qui ne m'en a point indiqué. Si j'avais appelé le maire de Cannes, seulement comme maire de Cannes, il n'y a pas de raison pour que je n'appelasse pas également les maires des villes et villages qui se trouvent depuis le golfe Juan jusqu'à Paris. Puisque monsieur le procureur du roi est si bien instruit, il eût été à désirer qu'il vînt à mon secours et dirigeât mon inexpérience.

D. La troupe de Napoléon avait dû être organisée militairement ?

R. Sans doute. Napoléon m'avait dit de plus qu'il fallait entrer dans le Dauphiné et marcher le plus vite possible.

D. Vous avez dit que vous vous étiez cru sujet de Bonaparte, et par conséquent étranger à la France. Sur quel motif se fondait cette opinion ?

R. Lors du traité de Fontainebleau, en 1815, on permit à Napoléon d'emmener 400 hommes de troupes, et de se retirer à l'île d'Elbe. J'étais alors malade des blessures que j'avais reçu dans le cours de la campagne ; je ne découvris point mon projet à des officiers qui vinrent me prévenir de cette nouvelle ; mais je réfléchis que j'étais le plus ancien major, j'écrivis au général Drouot que l'on m'avait toujours choisi quand il fallait marcher à l'ennemi ; que je regarderais comme la plus mortelle injure le refus qu'on me ferait de suivre mon souverain.

D. Vous pouviez avoir vos raisons ; mais d'autres

officiers qui n'ont pas manqué à l'honneur sont restés en France.

R. Quant à moi c'était différent, j'étais dans la garde ; c'était mon uniforme, c'était ma doublure qui me l'ordonnait.

Le procureur du Roi.

Qui vous a forcé de suivre Bonaparte ? D'autres devoirs vous appelaient.

R. Eh ! Messieurs, ne connaissez-vous point les devoirs d'un militaire ? N'avons-nous pas des devoirs dans notre état ? (Le général Cambronne prononce ces dernières paroles du ton le plus animé).

Monsieur le procureur du Roi.

Je prie Monsieur le président de demander à l'accusé s'il n'a point fait de réquisitions.

R. J'en avais besoin ; j'avais le droit d'en demander, Napoléon m'avait chargé de demander des vivres pour deux jours, parce que nous avions des montagnes à traverser. Mes Corses seuls en ont eu pour deux jours, la garde n'en eut que pour un.

Monsieur le rapporteur.

Il me semble qu'il n'est pas bien important de constater le fait dont il s'agit ; le général est descendu en France, voilà tout le délit.

Monsieur le président.

Cela est vrai ; je ne fais cette question que pour satisfaire Monsieur le procureur du Roi.

D. Il est certain que vous traitiez la France en pays ennemi ; il me semble même que, dans l'hypothèse où vous vous seriez cru étranger, il devait être bien douloureux pour vous de vous conduire de la sorte.

R. On n'a pas tiré un coup de fusil. Pour répondre encore à la question de Monsieur le procureur du Roi, je vous dirai qu'à Sisteron je demandai 6000 rations que le maire me refusa, disant que je n'avais que 1200 hommes. Que savez-vous, lui dis-je, si les garnisons que j'ai laissées derrière moi ne me suivront pas ? Je tirai de ma poche une bourse de 3000 francs que je lui jetai, en lui disant de se payer. Il rougit, et ne voulut pas la prendre. Si nous avions tiré un seul coup de fusil nous aurions agi en ennemis; mais loin d'être regardés comme tels, je me suis trouvé seul à Grasse au milieu de 1500 bourgeois et de toute la population.....

Monsieur le procureur du Roi.

Il n'est pas étonnant, vous aviez là le général Gazan qui était dans vos intérêts.

R. Le général Gazan! J'ai voulu lui parler, je n'ai jamais pu parvenir jusqu'à lui.

Alors le procureur du Roi se lève pour faire encore une question, M. le président lui fait observer qu'il ne peut et ne doit parler que sur les formes, ou le prier de faire lui-même les questions.

M. le procureur du Roi répond quelques mots à voix basse et se rasseoit.

D. Je vous disais qu'il devait être bien douloureux pour vous d'agir ainsi contre votre patrie. N'avez-vous éprouvé ni chagrins, ni regrets?

R. Un ami du roi pouvait me poignarder à Grasse; j'étais seul, la résistance était facile. Ce n'est pas le tout de dire qu'on aime son roi, il faut encore le prouver.

D. Vous effrayiez les habitans en parlant de forces considérables dont vous vous disiez assisté?

R. Non, général, nous ne dissimulions pas notre faiblesse; près de Grasse, j'ai rencontré un espion : il était couvert de sueur. Vous paraissez bien fatigué, lui ai-je dit; je lui proposai de se rafraichir et lui dis ce qu'il en était.

D. Vous avez écrit au comte Curial pour lui demander sa protection, dans le cas où vous voudriez rentrer en France?

R. Général, je me croyais étranger ; mais je voulais recouvrer ma qualité de Français dans le cas de la mort de Napoléon. Les sauvages eux-mêmes aiment le pays natal, comment n'aurais-je pas désiré de revenir dans ma patrie, le plus beau sol du monde? (Interrogé sur le traité de Paris et sur la faculté de rentrer en France au bout de trois ans, l'accusé s'en réfère à son avocat.)

D. Avez-vous été nommé commandant de Porto-Ferrajo à votre arrivée à l'île d'Elbe?

R. Quinze jours après, environ.

D. Sous quel titre le général Drouot vous donnait-il ses ordres? Etaient-ils écrits?

R. Ils étaient verbaux. Le général Drouot avait son titre de lieutenant-général.

D. Bonaparte prenait, en entrant en France, le titre de souverain?

R. Je ne me suis jamais mêlé de cela.

D. Mais enfin vous deviez savoir si vous aviez un chef ou non?

R. C'était l'empereur. J'allais à l'ordre, je demandais s'il y avait quelque chose de nouveau; quand on m'avais répondu que non, je m'en allais. Je n'aime pas la cour.

D. Faisiez-vous des rapports? à qui?

R. Au maréchal Bertrand, major-général.

D. De quelle forme vous serviez-vous pour faire vos réquisitions, et au nom de qui?

R. De l'empereur, commandant l'île d'Elbe.

D. Quelles preuves en donnez-vous?

R. Aucunes. J'étais suivi de toute la population. A Grasse je trouvai une municipalité nombreuse; je dis que je venais au nom de Napoléon, souverain de l'île d'Elbe. Nous avons aussi un souverain que nous aimons, répondirent-ils! Je ne me mêle pas de politique, dis-je à mon tour ; je ne viens pas demander, si la France a un roi, si elle doit l'aimer : je ne veux que des vivres.

D. Quel titre prenait Napoléon en entrant en France?

R. Je ne l'ai pas vu le soir du débarquement. On me disait seulement d'aller en avant; je ne m'occupais de rien autre chose. Si vous demandez les titres qu'il prenait dans ses proclamations, vous le savez, puisque vous les avez lues.

D. Vous avez refusé de signer une proclamation qu'on vous a représenté. Quel titre prenait Bonaparte dans celle du golfe Juan?

R. Je ne me le rappelle pas, je ne l'ai lue qu'une fois.

D. Cela est surprenant. Il devait être demontré pour vous que le titre pris par Bonaparte était usurpé, puisqu'un souverain ne prend pas ordinairement le nom du Roi qu'il attaque?

R. Cela ne me regardait pas, je ne reponds que de ce que j'ai fait, et non de ce qu'a fait Napoléon.

D. Il est arrivé une époque où vous avez su que Bonaparte avait pris un titre usurpé?

R. Je ne nie pas ce fait; mais il était à Paris, et je devais le suivre.

D. Quelles sont les récompenses que vous a accordées Bonaparte ?

R. Trois; il ma nommé pair, lieutenant-général et comte.

D. A quelle époque?

R. Je ne me le rappelle plus; je n'ai jamais fait attention à ces choses-là.

D. Mais quand vous n'y mettriez pas beaucoup d'importance, vous devriez, il me semble, vous rappeler de l'époque d'une nomination ? N'avez-vous pas vos brevets?

R. Sur mon honneur, je l'ai oublié; je ne conserve jamais de papiers.

D. Tout le monde ordinairement conserve des papiers de cette importance?

R. Chacun a ses habitudes.

D. Pourquoi refusâtes-vous le grade de lieutenant-général ?

R. Je pourrais bien commander une division, quand je suis seul; mais dans une affaire générale; à Waterloo, où le premier capitaine du monde n'a pu rétablir l'ordre, qu'auraient dit les vieux officiers, si on avait mis à leur tête un nouveau général? Dans tous les états il y a de la jalousie; et d'ailleurs j'aurais craint de compromettre l'existence de l'armée.

L'interrogatoire terminé, Monsieur le chef de bataillon, rapporteur a pris la parole, et s'est exprimé en ces termes :

MESSIEURS,

Le maréchal-de-camp Cambronne est traduit devant votre tribunal, prévenu des délits spécifiés dans l'ordonnance de Sa Majesté du 24 juillet dernier. Avant de vous occuper des faits imputés à l'accusé, je me vois forcé de vous soumettre quelques réflexions sur les devoirs, en général, des officiers chargés de remplir, près les conseils de guerre permanens, les fonctions de rapporteur, et sur la manière dont, d'après la loi et leur conscience, ces officiers doivent les exercer.

Ces réflexions sont loin d'être une épisode inutile. Les circonstances et des observations, auxquelles je ne veux pas donner de nom, sur ma conduite et mon rapport dans l'affaire de M. le lieutenant-général

Drouot, nécessitent impérieusement ces réflexions, et m'en font une pénible et douloureuse obligation(1).

Dans notre rapport du 6 avril, en présentant l'affaire de M. le lieutenant-général Drouot, nous nous étions bornés, après avoir indiqué, dans une affaire de cette nature, les écueils contre lesquels devait échouer le rapporteur, nous nous étions bornés, dis-je, à consacrer ce principe reconnu que notre ministère ne se réduisait pas uniquement à accuser dans l'intérêt de la vindicte publique, mais encore à faire valoir, en faveur du prévenu, tout ce qui pouvait être à sa décharge pour prouver son innocence ou atténuer sa faute. Quelques personnes, trompées sans doute parce qu'elles n'ont point une connoissance suffisante des lois générales et de celles organisatrices des conseils de guerres, ont répandu une doctrine contraire. L'on nous a désigné aux habitans de cette capitale et de la France, à ceux mêmes des pays étrangers, comme nous étant écartés de nos devoirs, en remplissant, a-t-on dit, plutôt le ministère d'avocat de l'accusé, que celui de rapporteur près le tribunal qui avait à prononcer sur son sort. Sans vouloir scruter les motifs d'une pareille direction, que l'on a essayé de donner à l'opinion publique, nous nous devons de désabuser les gens de bonne foi, et il en est un grand nombre; nous nous devons d'éclairer ceux de nos supérieurs dont on aurait pu tromper la religion. Nous leurs dirons donc que les conseils de guerre permanens ne sont pas des tribunaux d'exception, de ces tribunaux crées seulement pour la cause, dans l'intérêt de la partie qui accuse; que l'accusé traduit devant ses pairs, devant ses juges na-

(1) Peut-être M. le rapporteur a-t-il voulu signaler ici les indécentes réflexions que plusieurs journalistes, et surtout le rédacteur de *la Quotidienne*, se sont permis au sujet de son rapport dans l'affaire du général Drouot.

turels; doit y jouir de tous les avantages, de toutes les prérogatives qu'il aurait trouvé dans les tribunaux ordinaires, s'il en avait été justiciable ; que les membres qui composent les conseils de guerre sont à-la-fois juges et jurés, et que le rapporteur qui cumule les fonctions de juge d'instruction et celle du ministère public, doit recueillir tous les faits à *décharge* comme ceux à *charge*, et les présenter avec l'impartialité qui appartient à l'importance de ses fonctions. S'il en était autrement, sa tâche serait purement arbitraire et de rigueur; la justice ne l'aurait fait accuser que pour frapper plus aveuglement, et il ne serait plus qu'un instrument de vengeance et de réprobation.

Oui, sans doute, le rapporteur doit frapper sans miséricorde l'homme qui, violant la loi, est en guerre avec la société; mais aussi il doit protéger et couvrir de son égide, et l'innocent, et celui qui ne fut qu'égaré, et qui, dans son action, n'a pas mis cette mauvaise foi, cette coupable intention qui constituent le crime.

En ouvrant le livre de nos lois d'instruction et pénales, j'y vois (art. 21, chap. 25, loi du 13 brumaire an 5) qu'il doit être donné communication au défenseur de l'accusé des pièces tant à charge qu'à décharge; que lecture de ces mêmes pièces doit être faite, en séance, devant les juges qui composent le conseil de guerre. J'en tire la conséquence naturelle que le rapporteur qui, dans son instruction, a dû recueillir toutes les pièces, tant à charge qu'à décharge, doit aussi, dans son rapport, qui n'est autre chose que l'analyse ou le résumé de cette instruction, présenter tous les faits, tant à charge qu'à décharge, qui en résultent. Qu'en cela il suit la marche qui lui est tracée par la loi, qui n'a pu faire aucune exception à cet égard. Car si son rapport n'était qu'un rapport pur et simple des faits seulement à charge, il ne serait plus, dès-lors, qu'un rapport infidèle de l'instruction écrite.

Mais, dira-t-on, le défenseur de l'accusé n'est-il pas là pour faire valoir tout ce qui est à sa décharge? Eh! messieurs, un conseil de guerre ne peut-il pas être assemblé sur un champ de bataille? ne peut-il pas être composé de juges qui, pour la première fois, remplissent ces importantes fonctions, et qui n'ont que des notions incertaines sur leurs droits et leurs devoirs. L'accusé militaire, pour faire triompher son innocence, ne peut-il pas, par suite des fatales circonstances, manquer, ou ne point faire usage de toutes ces ressources, qui viennent pour ainsi dire s'offrir en foule à l'homme traduit devant une cour criminelle ordinaire.

Ces cours siègent au milieu d'une ville populeuse; l'accusé trouve dans sa famille, dans ses amis, même dans ses complices, ainsi que dans le grand nombre de gens de loi exerçant près les tribunaux ordinaires, des conseils, un appui, tous les moyens enfin de faire triompher son innocences moyens dont on ne peut soupçonner la loi d'avoir voulu priver le justiciable des conseils de guerre; ressources que ce justiciable ne peut souvent espérer de trouver que dans l'officier chargé des fonctions de rapporteur; et en admettant que ces moyens de constater son innocence ne manquassent pas à un accusé traduit devant un conseil de guerre, en admettant (comme dans l'affaire qui nous occupe) que, favorisé par les circonstances, un accusé traduit devant un de ces conseils, trouvât, dans l'impartiale équité de ses juges, dans leur connaissance approfondie des loix, dans les talens de ses défenseurs; admettant, dis-je, que cet accusé trouvât cette garantie et ces ressources que j'ai énoncé pouvoir lui manquer, tandis qu'elles sont le partage assuré des accusés traduits devant les tribunaux ordinaires. S'en suivrait-il de là que le rapporteur qui, mieux que le défenseur, mieux que qui que ce soit, doit connaître les faits d'une instruction dont il a été le créateur; qui a suivi l'accusé pas à pas dans tous les erremens du procès; qui, mieux qu'un autre sans doute, a dû pénétrer dans les replis les plus secrets de sa concience, et apprécier mieux que qui que ce soit, la moralité de l'action qui lui est reprochée; s'en suivrait-il de là que ce rapporteur ne pourrait, ne devrait ouvrir la bouche que pour accuser, lorsque sa concience lui dirait qu'il faut défendre ou atténuer? Non, Messieurs, une pareille doctrine serait subversive de tout principe d'équité et de justice; elle ne peut être admise dans le siècle où l'on a consacré l'institution du jury; dans ce siècle où la torture n'interroge plus, où les jugemens sont rendus en séances publiques; dans ce siècle enfin, où le magistrat et la loi se félicitent de trouver un innocent dans l'homme que l'erreur ou de malheureuses circonstances avaient fait paraître en criminel dans le temple de la justice : le rapporteur est, il doit être le vengeur de la loi violée. Il accuse au nom de la société; mais aussi il proclame hautement, avec le cri de sa concience, l'innocence qu'il a reconnue.

Ne confondons pas ici le rapport fait par le ministère public devant un conseil de guerre, avec l'acte d'accusation fait par le ministère public près des tribunaux ordinaires; ne confondons pas encore les attributions de ces deux magistrats.

Le rapporteur est à la fois juge instructeur et accusateur : le procureur général près des cours criminelles n'est qu'accusateur jusqu'au moment des débats. Avant d'arriver jusqu'à lui, l'accusé a déjà éprouvé deux degrés de juridiction (le mandat d'arrêt et l'ordonnance de prise de corps), dont les chances pouvaient lui être favorables ; l'instruction est alors complète et régularisée ; tandis que le rapporteur, au contraire, est presque toujours le créateur de l'instruction sur laquelle le conseil de guerre doit prononcer. Vous en avez un exemple dans la cause qui vous est soumise, puisque pas une seule pièce n'existait au dossier primitif, à l'ordre de mise en jugement.

L'accusé traduit devant un conseil de guerre, n'ayant éprouvé aucun degré de juridiction, aucune chance favorable jusqu'au jour où il comparaît devant ses juges, comment pourrait-on établir que le rapporteur dût se dépouiller entièrement du caractère de juge d'instruction qu'il a rempli jusqu'à ce moment solennel, pour devenir tout à coup un accusateur inexorable qui dût s'interdire toutes réflexions, toutes observations qui seraient à la décharge de l'accusé? Comment mettre en doute que si quelques étincelles de vérité doivent jaillir de l'instruction, elles ne doivent émaner que de celui qui l'a faite? Son opinion a dû se former et mûrir dans le recueillement, et la méditation : toujours en contact avec l'accusé, le rapporteur a dû recevoir des impressions autrement profondes que celles résultant d'une instruction orale; il a au moins pour lui la science de l'expérience; et soit qu'il accuse, soit qu'il défende, le caractère dont il est revêtu est la garantie de son intention, qui ne doit et ne peut se rapporter qu'à l'intérêt social, qui veut ou la punition du coupable, ou l'acquitement de l'innocent. Losque le rapporteur, quand il croit avoir reconnu l'innocence d'un accusé, proclame hautement cette innocence, il ne suit en cela que son devoir et l'exemple du ministère public près les cours criminelles ordinaires. Si les magistrats qui remplissent ces fonctions sont essentiellement accusateurs dans l'acte d'accusation, lorsqu'ils ont la conviction de l'innocence de l'accusé, ils n'hésitent pas à la proclamer par leurs conclusions; et ils ne peuvent donner ces conclusions qu'après les avoir pour ainsi dire motivées, en faisant ressortir les preuves de cette innocence, en développant les faits et circonstances établis dans le cours de l'instructionet au moment des débats.

Depuis plus de quinze ans que nous exerçons nos fonctions, nous n'avons point dévié des principes que nous venons d'annoncer; nous les avons puisés et dans notre cœur et dans le code de nos lois; ils ont été tracés par les juris-consultes et développés dans *le Guide des juges militaires*, dans cet ouvrage qui sert comme de boussole aux officiers qui siégent comme juges dans les conseils de guerre, et à ceux qui remplissent près les tribunaux les fonctions de rapporteurs.

Qu'est-il, au reste, besoin de recourir à des autorités, lorsque la raison, le droit, l'équité et l'humanité ont tracé, de concert avec nos législateurs, ces règles irréfragables? Notre conscience nous reprocherait de nous en écarter; elle est et sera toujours notre seul guide; elle nous trace notre devoir : nous allons le remplir.

Messieurs,

Monsieur le maréchal-de-camp Cambronne paraît à la barre du tribunal, prévenu des délits spécifiés dans l'article premier de l'ordonnance du Roi du 24 juillet 1815; savoir, 1°. d'avoir trahi le Roi avant le 23 mars; 2°. d'avoir attaqué la France et son gouvernement à main armée; 3°. de s'être emparé du pouvoir par violence.

Des trois chefs d'accusation énumérés dans ce premier article, et dans lesquels rentre la prévention de tous les individus qui sont dénommés dans la susdite ordonnance, un seul peut s'appliquer à M. le général Cambronne.

Les preuves qu'il ne peut être accusé d'avoir trahi le Roi, ou de s'être emparé du pouvoir par violence, ressortent des pièces même de la procédure, et sont trop évidentes pour qu'à cet égard je croie nécessaire d'entrer dans la moindre discussion. En agir autrement serait, ou vouloir faire parade d'une érudition déplacée, ou paraître me méfier de vos lumières : ni l'une ni l'autre de ces pensées ne peut avoir accès dans mon cœur, ni dans mon esprit. C'est donc seulement comme ayant attaqué à main armée la France et son gouvernement, que nous devons examiner la conduite de M. le maréchal-de-camp Cambronne, puisqu'ainsi que je viens de le déclarer, c'est le seul délit dont il puisse s'être rendu coupable, des trois qui sont classés dans l'article premier de l'ordonnance du Roi du 24 juillet.

Dans cette enceinte et dans une cause pareille, j'ai parlé des droits et des devoirs des magistrats qui, comme vous, Messieurs, réunissent les fonctions de jurés à celles de juges. Trop peu de jours se sont écoulés depuis cette époque pour que j'aie besoin de vous retracer de nouveau ces principes d'une éternelle vérité, d'une immuable justice.

Chargé du ministère public, je vais appeler votre attention sur les faits et circonstances; je vais discuter avec la plus scrupuleuse impartialité; je vais enfin essayer de lire, de vous faire lire au fond du cœur de l'accusé.

Ce sera à vous à peser ensuite dans votre sagesse, à décider, après mûre délibération, non d'après l'existence physique de l'action, mais d'après sa moralité et cette intention qui, en matière criminelle, constitue seule et essentiellement la culpabilité légale.

Je n'irai point, Messieurs, vous faire le tableau des malheurs de la France : je ne vous retracerai pas le résultat de l'attentat, dont le succès momentané, en plongeant dans le deuil notre malheureuse patrie, a fait et fait paraître en criminel devant les tribunaux deshommes dont le nom se rattache à de si brillans et si glorieux souvenirs. Je ne veux vous occuper que du crime imputé à M. le maréchal-de-camp Cambronne, et des moyens de défense employés par cet accusé.

L'évidence des faits, la notoriété publique, la déclaration de l'accusé, les proclamations qui ont servi au procès de pièces à conviction, nous dispensent de développer les preuves que M. le général Cambronne, parti vers la fin de février 1815 de l'île d'Elbe, avec Napoléon et les troupes sous ses ordres, est débarqué avec lui à Cannes, le premier mars suivant ; qu'il l'a accompagné jusqu'à Paris, obéissant à tous ses ordres, et coopérant, autant qu'il était en lui, au succès de son audacieuse et criminelle entreprise.

Il semble dès lors que rien ne saurait soustraire ce général à la rigueur des lois, si cet accusé ne prétendait avoir perdu la qualité de citoyen français, pour avoir quitté la France en avril 1814, sans avoir fait aucun acte de soumission, ni prêté aucun serment de fidélité au Roi, et ce, pour suivre Napoléon, reconnu souverain de l'île d'Elbe, et avoir accepté et pris en son nom le commandement de Porto-Ferrajo; qualité de citoyen français que cet accusé n'avait pas recouvrée quand il a pris part à l'évasion ; qui, selon lui, établit que, dans cette entreprise, il n'a agi et ne peut être considéré que comme sujet d'un souverain étranger, auquel il était tenu d'obéir en tout ce qu'il lui commandait pour son service.

Ces moyens de défense, forts par eux mêmes, ont été consacrés en principe par le jugement intervenu en faveur de M. le lieutenant-général comte Drouot. Ces principes ainsi consacrés, il ne nous reste plus qu'à examiner s'ils existent dans la cause, et s'ils sont applicables dans l'affaire qui nous occupe.

Le crime imputé à Monsieur le genéral Cambronne est d'avoir, étant français, porté les armes contre la France et son légitime souverain. D'après les principes établis, c'est donc dans sa qualité présumée de français que réside essentiellement la criminalité. Si donc l'accusé prouve qu'il n'était pas français lorsqu'il a coopéré à l'exécution de l'attentat, ou, ce qui est la même chose, dans le sens des instructions ministérielles déposées sur votre bureau, et dans le sens du jugement intervenu le 6 du mois, jugement auquel Sa Majesté paraît avoir accordé une généreuse et bienveillante approbation; si, dis-je, Monsieur le général Cambronne prouve qu'il n'était point français, ou du moins qu'il a agi de bonne foi, et dans la pleine conviction que les liens qui l'avaient attachés à la France étaient entièrement rompus, et qu'il n'était plus que le sujet d'un souverain étranger, toute criminalité légale disparaît; et, ainsi que monsieur le lieutenant-général comte Drouot; il aura à la vérité coopéré à l'exécution du crime; mais la loi ni les magistrats ne pourront lui en demander compte; on ne pourra même pas l'accuser d'avoir manqué à l'honneur ou à ses devoirs.

Monsieur le maréchal-de-camp Cambronne excipe du traité du 11 avril 1814, et des dispositions de l'article 17 du Code civil, pour prouver son assertion, qu'aucun devoir ne l'attachait à la France, et qu'il était sujet d'un souverain étranger. Dans l'affaire de monsieur le lieutenant-général Drouot, j'ai développé les motifs qui m'avaient déterminé à ne pas m'occuper de la solution définitive de cette question; je me bornerai donc en ce moment à déclarer que, par les mêmes motifs, dans mon rapport actuel, je n'appuierai ni ne combatterai cette assertion, et que je ne me permettrai pas de prendre l'initiative sur une question dont la solution appartient plutôt à l'homme d'état qu'à un magistrat. Je n'irai donc pas examiner ni discuter les articles de ce traité qui est déposé sur votre bureau; je ne discuterai pas non plus les articles du Code civil; je me bornerai à examiner la question sous le rapport de la législation criminelle, et à vous parler de vos droits et de nos devoirs.

Juges et jurés, n'ayant à rendre compte qu'à Dieu et à vos consciences, vous n'oublierez pas que, d'après le vœu de la loi, et d'après les décisions et instructions ministérielles déjà citées, vous devez, pour répondre affirmativement à la question posée par M. le président, *l'accusé est-il coupable?* vous devez, dis-je, non seulement être convaincus que l'accusé a commis l'action qualifiée crime; mais encore, qu'il l'a commise avec intention, avec connaissance de cause. Si cette intention n'existe pas, si l'accusé, de bonne foi, a pu croire qu'il suivait la ligne du devoir, il ne peut y avoir crime dans le sens voulu par la loi; il ne peut donc y avoir de culpabilité légale. C'est d'après ces bases et ces principes que nous allons procéder à l'examen de la conduite de M. le maréchal-de-camp Cambronne. Cet officier général était, en avril 1814, à Fontainebleau, près de Napoléon. La justice divine et les armes des puissances alliées avaient amené la chute de Napoléon, et rendu à l'auguste famille des Bourbons le trône de saint Louis; mais par un traité, en conservant à Napoléon son titre et ses prérogatives d'empereur, il avait été reconnu souverain de l'île d'Elbe, il lui avait été permis d'amener avec lui quelques centaines d'hommes de ses anciennes troupes, M. le maréchal-de camp Cambronne faisait partie de ces militaires, et il a suivi le souverain qui, depuis long-temps, avait reçu son serment de fidélité. A cette époque, il n'a fait aucun acte d'adhésion au gouvernement, ni prêté aucuns sermens à l'auguste chef de la famille des Bourbons. Ce général fait observer qu'il n'avait suivi Napoléon que par suite d'un traité dans lequel n'était stipulé ni conditions, ni restrictions; traité dans lequel étaient intervenues solidairement les hautes puissances alliées, et dont elles avaient garanti l'exécution; traité qui paraîtrait mettre le général Cambronne sous la garantie du droit des gens, et non sous l'obligation de notre droit civil; ce qui eût existé, si, au lieu d'être devenu sujet d'un souverain étranger, par suite d'un traité, il n'eût passé au service de ce souverain que d'après l'autorisation du Roi de France qui, selon l'usage, ne lui aurait accordé cette permission, qu'avec la restriction qu'il ne porterait jamais les armes contre sa patrie, ou toutes autres conditions que Sa Majesté aurait jugé à propos de mettre en accordant cette grâce. M. le maréchal-de-camp Cambronne a donc pu se considérer comme sujet d'un souverain étranger; il a pu se croire obligé d'obéir passivement à Napoléon.

Si à ces considérations, vous ajoutez que dans aucun temps, c'est-àdire, avant le 20 juillet 1815, ce général n'a fait aucun acte de soumission, ni prêté aucun serment de fidélité à Sa Majesté; que pendant son absence de France, aucun ordre émané du Roi ou de son ministre ne lui a prescrit de quitter le service de Napoléon pour rentrer en France, pour se rallier autour du trône légitime; que, quoique son nom figure au bas des proclamations, il ne peut être considéré ni comme l'auteur, ni comme ayant pris part à leur rédaction; que, dans le cours de cette criminelle invasion, rien ne prouve au procès qu'il ait accepté ou coopéré à des missions autres que celles que pouvait accepter un militaire, vous penserez peut-être que ce général ne doit être considéré que comme un soldat obéissant, et que, sous ce rapport, il n'est pas plus coupable, et ne doit pas fixer l'attention du gouvernement d'une manière plus particulière que les autres officiers de l'ex-garde qui avaient suivi Napoléon, et qui figurent comme signataires des proclamations qui font pièces au procès. Vous adopterez d'autant plus volontiers cette opinion, qu'une circonstance dont il me reste à vous parler, prouve, d'une manière non douteuse, qu'on pouvait bien rendre justice à la bravoure de l'accusé, mais qu'on l'avait regardé comme un instrument, et non comme un personnage qui avait pu avoir quelque influence pour former le complot ou pour fournir des moyens de réussite par ses trames ou rapports politiques. En effet, Messieurs, vous vous rappelez que le gouvernement provisoire, après la deuxième abdication, par un arrêté, avait ordonné que les appointemens de MM. les généraux Bertrand et Drouot leur seraient payés pour le temps de leur absence en France. L'accusé était aussi officier général; il était le seul de ce grade parmi les autres officiers qui l'avaient suivi à l'île d'Elbe; son dévouement pour Napoléon n'était point équivoque; il devait s'attendre à être compris dans cet arrêté; il y avait autant de droits que les autres généraux, et cependant il n'y a pas été compris. Ne doit-on pas augurer de cette circonstance, que l'on confondait ce général dans la foule de ces militaires qui, aux yeux de ce gouvernement insurrectionnel, n'avaient d'autre mérite que de savoir obéir et combattre; et que, par ce motif, Sa Majesté, toujours juste et magnanime, a regardé comme égarés ou séduits, et qu'elle a couvert du manteau de sa clémence, en empêchant qu'ils fussent l'objet d'une poursuite judiciaire. N'oublions pas, Messieurs, cette volonté bienfaisante et magnanime de Louis-le-Désiré; ne perdons pas de vue, dans l'hypothèse que le maréchal-de-camp Cambronne dût compter parmi les Français égarés et séduits qui ont coopéré sciemment, contre la foi de leurs sermens, à l'exécution de l'attentat; ne perdons pas de vue que la justice demande avec raison la punition des auteurs, des principaux fauteurs ou instigateurs de ce crime, mais que Sa Majesté a pardonné aux agens subalternes, aux aveugles instrumens: et vous devez être plus que convaincus qu'il ne doit être considéré que comme un brave et dévoué soldat, et non comme l'instigateur ou l'un des principaux auteurs de cette audacieuse et criminelle entreprise.

Joignez, Messieurs, à ces considérations, celles résultant de la bonne foi de l'accusé; bonne foi constatée au procès non-seulement par grand nombre de preuves d'induction ressortant des pièces de la procédure et des déclarations de l'accusé, mais encore par les expressions de sa lettre à M. le lieutenant-général comte Curial. Si l'accusé n'avait pas été convaincu qu'il était devenu étranger; s'il avait cru être autorisé, pendant le laps de trois années, à rentrer en France pour y reprendre et jouir de ses droits de citoyen français, il n'aurait pas écrit à M. le comte

Curial pour savoir s'il pouvait compter sur sa protection, et d'y vivre dans ses foyers dans le cas où, par un motif quelconque, il se déterminerait à quitter l'île d'Elbe et le service de Napoléon. Joignez encore à l'appui des preuves de la conviction où était l'accusé, de n'avoir pas dévié du chemin du devoir et de l'honneur, son empressement à obéir aux ordres de Sa Majesté, sa confiance dans le tribunal devant lequel il était appelé à paraître. Au moment de l'ordonnance du 24 juillet, l'accusé était prisonnier de guerre en Angleterre ; il n'avait pas attendu d'avoir connaissance de cette ordonnance pour faire sa soumission au gouvernement légitime, et mettre au pied du trône son serment de fidélité et l'offre de ses services. Dès le 20 juillet, il s'était, à cet effet, par une lettre en date d'Alsburton, adressé à son excellence le ministre de la guerre ; et lorsqu'il a été instruit qu'il faisait partie des généraux portés sur la liste du 24 juillet, M. le général Cambronne s'est empressé d'écrire à S. Exc. le ministre de la police générale, pour lui annoncer sa résolution de comparaître devant ses juges aussitôt qu'une paix bienfaisante viendrait briser les liens qui le retenaient captif dans une terre ennemie : et quoique ce général fût instruit que M. le général Drouot était détenu, que l'on instruisait son procès, et que dans cette position, il parût naturel qu'il attendît le résultat de cette procédure, le général Cambronne ne s'en est pas moins empressé d'exécuter la résolution annoncée. Aussitôt que la paix lui a permis de quitter les rives de la Grande-Bretagne, plein de confiance dans la bonté du Roi, dans la justice du tribunal, il s'est hâté de venir se constituer prisonnier. Je l'ai déjà dit, mais je crois devoir le répéter, une pareille démarche n'est point, il est vrai, une preuve irrécusable d'innocence, mais elle ne peut être faite que par l'homme qui met tout son espoir dans son innocence et dans l'impariale équité de ses juges.

Aux différentes considérations que je viens de vous soumettre, je pourrais joindre celles résultant de la vie privée et militaire de M. le maréchal-de-camp Cambronne; car dans une affaire d'opinion, la moralité, la conduite antérieure de l'homme en jugement ne peut avoir que beaucoup d'influence; je pourrais vous représenter ce général sur le champ de bataille, et y donner les preuves de la plus brillante bravoure. Je pourrais, en reportant votre souvenir sur cette époque si malheureuse, sur ce temps d'anarchie et de terreur, où des tigres osaient profaner le sanctuaire de la justice et le noble caractère de magistrat; où les membres d'un tribunal de sang, n'écoutant que l'esprit de parti, n'étaient que de hideux ou d'atroces bourreaux altérés de sang, se donnant à peine le temps de constater l'identité de la malheureuse victime qu'ils avaient condamnée avant qu'elle parût devant leurs exécrables tribunaux, et bien résolus à l'avance de se refuser aux preuves les plus évidentes de son innocence; je pourrais, dis-je, ainsi que la preuve en est acquise par les certificats déposés au procès, en reportant votre souvenir sur ces temps d'horrible mémoire, vous montrer ce général s'exposant à éprouver la rage des comités révolutionnaires et des infâmes agens de la terreur, aller chercher, recueillir chez lui et donner asile dans sa famille à un martyr de la foi, à un prêtre fidèle à son Dieu et à son Roi. Je vous le représenterais officier de la Légion nantaise, et faisant partie des troupes qui combattaient l'armée royale, tenter tout moyen de sauver la vie de douze prisonniers faits sur cette armée, et avoir le bonheur de réussir pour quelques-uns d'entre eux ; je pourrais enfin vous montrer ce général, après cette deplorable journée de Quiberon, être une divinité bienfaisante pour ces infortunés, aller à leurs secours de toutes sortes de manières, leur donner des preuves de la plus touchante compassion, faire enfin tous ses efforts pour les soustraire à leur malheureux sort. Vos cœurs sans doute répondraient à l'appel que je pourrais leur faire ; mais j'abandonne ces faits à vos consciences et au défenseur de l'accusé.

Messieurs, dans mon rapport concernant M. le lieutenant-général Drouot, j'ai avancé que les intentions de Sa Majesté ne pouvaient paraître douteuses. J'ai dit qu'en ordonnant que les officiers-généraux, compris dans la première liste de l'ordonnance, fussent traduits devant des tribunaux composés et créés d'après les lois existantes antérieurement, qui avaient nécessité la mise en jugement de ces généraux, notre auguste souverain avoit eu la bienveillante intention, avait eu l'espoir que la conduite de quelqu'un de ces accusés perdrait la teinte criminelle, si elle ne prenait en entier la couleur de l'innocence. J'ai ajouté que cette idée m'avait soutenu dans mon travail, et m'avait fait éprouver une bien douce satisfaction à proclamer l'innocence morale de M. le général Drouot, puisqu'en agissant ainsi, je remplissais non-seulement mon devoir, mais que j'étais convaincu que je m'associais à la pensée, à la volonté de notre souverain. Je ne le cacherai point, Messieurs, je suis fier d'avoir ainsi deviné le cœur de Sa Majesté, d'être allé au-devant de ses intentions. Cette approbation de Sa Majesté au jugement rendu en faveur de M. le général Drouot, sa défense à son procureur d'appeler de ce jugement, cette opposition à toute tentative qui aurait pour objet d'appeler ce général devant un autre tribunal, de lui faire courir de nouveaux dangers; cette bonté de l'admettre en sa présence, et ce qui est plus encore, les expressions bienveillantes dont elle a daigné se servir, consacrent, j'ose le dire, cet acte de justice du tribunal; ce jugement rendu en faveur de M. le lieutenant-général Drouot, consacrent enfin les principes de jurisprudence et d'impartiale justice émis dans mon rapport. Cette approbation de Sa Majesté pénètre mon cœur. Je la regarde comme une récompense aussi douce qu'honorable de ma conduite. Gloire soit rendue au monarque qui fait oublier la tourmente révolutionnaire, qui fait oublier ce temps de désastreuse mémoire, où le crime était assis sur le siége du magistrat, où l'esprit de parti dictait ses sanguinaires arrêts; gloire soit rendue au monarque qui veut regner sur les cœurs, et les rallier autour de son trône paternel. »

Le noble langage, la justesse des sentimens exprimés dans ce rapport ont vivement touché les auditeurs; le général Cambronne lui-même a éprouvé un profond attendrissement.

La séance est suspendue pendant quelques instans : plusieurs des amis de l'accusé profitent de cet intervalle pour lui témoigner a tout l'intérêt qu'il leur inspire. On a remarqué que quelques-uns lui ont serré la main.

La séance étant reprise, M. Berryer fils, défenseur choisi par le général Cambronne, a prononcé le discours suivant :

« En ces temps où l'insubordination et la perfidie, où le mépris de la foi jurée, où l'oubli des promesses les plus solennelles et la violation des sermens les plus sacrés ont enfanté de si grands maux et fait connaître tant de coupables, n'est-ce point un spectacle étrange que de voir un homme généreux, conduit par son attachement à ses devoirs, par son respect inviolable pour ses sermens, sur ce siège de douleur, où les vengeances divines et humaines appellent les parjures et les lâches conspirateurs? N'êtes-vous pas encore plus étonnés que nous, vous, Messieurs, qui avez vécu dans nos camps? Vous le connaissez cet homme qu'on vient de tirer d'une obscure prison pour le faire asseoir devant vous sur le banc des accusés! Toutes les fois qu'une ardeur française vous emporta au fort du péril, au foyer des combats, vous avez rencontré, vous avez admiré le général Cambronne. Soit que dans les rues de Zurich, à la tête d'une seule compagnie de grenadiers, il emporte à l'ennemi plusieurs pièces de canon et douze cents prisonniers; soit qu'à Paradis, avec quatre-vingts hommes, il parvienne à culbuter trois mille Russes; soit enfin que, dans les plaines d'Iéna, voulant raffermir contre le danger ses gens qui chancelaient, il s'élance seul sur le plateau, sous un feu effroyable d'atillerie et de mousqueterie, et rallie sa troupe par ce froid courage; partout éclatent à la fois et sa bravoure, et sa volonté ferme de remplir les ordres de ses chefs.

Le voici pourtant traduit devant vous comme traître et rebelle!

Ah! si jamais des magistrats ont été appelés à protéger le sort d'un homme de bien; si jamais ils ont pu faire connaître par une sentence solennelle, à quel degré d'estime ils savent placer la vaillance, le désintéressement et la loyauté, certes, c'est aujourd'hui que l'occasion leur en est offerte. Vous pouvez noblement venger des injustices de la fortune un capitaine intrépide, qui, méprisant ses caprices et ses faveurs, sans espoir comme sans crainte, ne se détourna jamais du sentier de ses devoirs; un guerrier d'une vertu antique, qui sut allier au brillant éclat de notre âge la bonne foi de nos aïeux; qui prit sa part de toute la gloire du siècle sans en partager la corruption: esclave de sa parole, soumis à ses chefs, cher à ses compagnons d'armes, et redouté des âmes corrompues, parce qu'il fut toujours sincère et irréprochable.

Je pourrais, Messieurs, orner ce portrait du récit d'un grand nombre de ces actions fortes et généreuses qui peignent l'homme tout entier : mais sa modestie m'impose silence, et il m'a fallu le contraindre pour pouvoir vous le faire connaître. Si quelques traits manquent encore, ils ressortiront du tableau même des événemens qui ont donné lieu à l'accusation.

En 1814, la perte fatale de nos armées, le mécontentement du peuple, l'espoir d'un règne longtemps désiré, l'occupation de la capitale, forcèrent Bonaparte, dans Fontainebleau, à traiter avec ses vainqueurs; sa vie fut sauve; le titre d'empereur lui fut conservé; une petite île de la Méditerranée lui fut abandonnée en toute souveraineté; il fut autorisé à emmener quatre cents hommes pour sa garde. Le maréchal Bertrand et le lieutenant-général Drouot allaient le suivre ; le général Cambronne avait combattu sous ses ordres pendant quinze ans; les souvenirs de sa gloire se rattachaient à ce souverain déchu; il en avait reçu des bienfaits; il était attaché au commandement des troupes qu'il avait choisies ; il n'eût pu, sans honte, refuser de partager sa mauvaise fortune; et il abandonna sa patrie pour le suivre dans l'exil.

Ce fut vers la fin d'avril que Cambronne, et les troupes qu'il commandait, se mirent en route pour le lieu de l'embarquement : il partit sans avoir cessé un seul instant de vivre sous les lois du même souverain, sans avoir cessé de lui être attaché par d'inviolables sermens, sans avoir donné aucune espèce d'adhésion, ni au gouvernement provisoire, ni au gouvernement réparateur qui recouvrait alors son empire.

Sans doute ce départ ne fut point un crime : qu'ai-je dit? ce sacrifice était la marque certaine d'une âme loyale et généreuse. Le général Cambronne renonçait aux charmes de la patrie, à de brillantes espérances, aux hommages de ses concitoyens; et cette renonciation de sa part fut entière et sans arrière pensée. Bien loin de lui l'idée d'un aussi fatal retour! Un homme judicieux ne pouvait penser qu'il se trouvât en France assez d'insensés pour travailler à ruiner la tranquillité publique, pour faire succéder de nouvelles guerres aux bienfaits de la paix, pour provoquer les fureurs et les vengeances de l'Europe conjurée; un homme de cœur se refusait à croire qu'il y eût dans sa patrie assez de traîtres pour desservir la cause d'un Roi si solennellement rappelé, si solennellement reconnu.

Quelques jours après son arrivée à l'île d'Elbe, le général Cambronne, placé sous les ordres du général Drouot, gouverneur de l'île, fut nommé commandant de Porto-Ferrajo. Pendant les dix mois qu'il y est resté, il n'a entretenu aucune correspondance. Sa mère seule a reçu de lui quelques lettres étrangères à la politique, et il a écrit au général Curial une seule lettre, dont l'objet vous est connu.

Mais Bonaparte, malgré la pesanteur de sa chute, n'était point revenu de l'ivresse où l'avait plongé ce pouvoir souverain, dont il a tant abusé; son repos lui fut insupportable, et le génie du mal, qui le tourmentait, lui fit concevoir l'idée de rentrer en France.

Sans faire à Cambronne aucune communication, il

ordonna l'embarquement; le but en était ignoré. On obéit; mais en pleine mer, le troisième jour, Bonaparte se présente sur le pont du vaisseau avec la cocarde tricolore, et met ainsi au grand jour le but véritable de sa nouvelle tentative. On débarque.

Tous les faits qui se sont passés depuis le moment du débarquement jusqu'à l'arrivée à Paris sont purement accessoires, et ne doivent être considérés que comme une conséquence du fait principal. Il serait superflu de les rappeler.

Le général Cambronne avait obéi avec la soumission d'un soldat; il n'avait point mis ses services à prix : aussi ne demanda-t-il ni argent, ni dignités. Loin de là, il fut réduit (ainsi que cela est prouvé) à emprunter des secours d'argent à ses amis et à sa mère. Le grade de lieutenant-général lui est donné; il le refuse : juge plus sévère pour lui-même que ses chefs, il ne se croyait point capable d'occuper ce haut rang dans l'armée. Aussi désintéressé que modeste, il offrit sa retraite si on persistait à vouloir agrandir son existence.

Durant les deux premiers mois de l'usurpation, le général Cambronne était, en quelque sorte, étranger au milieu de ses concitoyens. Les débats politiques, les agitations révolutionnaires, les pratiques d'un gouvernement perfide, les manœuvres de gens qui sentaient avec rage s'écrouler sous eux cette grandeur qu'ils avaient usurpée, étaient choses d'autre nature que ses pensées; il n'y pouvait prendre aucune part.

Mais enfin l'Europe entière est en armes; mais le territoire français est menacé; mais la campagne s'ouvre : une nombreuse armée s'élance hors des frontières; le général Cambronne part avec ses vieux soldats. Le voila dans son naturel! Vous l'allez voir agrandi par ces derniers traits, et avec ce je ne sais quoi d'achevé, que les malheurs ajoutent aux grands caractères.

Bonaparte sembla, dans les champs de Waterloo (ce n'est point ici le général Cambronne qui parle par ma bouche; je rappelle les événemens comme je les ai sentis), Bonaparte, dis-je, sembla avoir perdu l'art de la guerre et cette audacieuse tactique qu'il déploya dans un grand nombre de batailles; ou plutôt, Dieu l'abandonnant à ses ignorances, l'aveuglait, le précipitait et le confondait par lui-même. Sentant le besoin de s'assurer des réserves considérables, espérant que l'impétuosité belliqueuse des Français briserait les forces immenses des alliés, il ne lançait contre l'ennemi que des mases peu nombreuses, qui soudain étaient renversées par l'épouvantable feu de son artillerie. L'étranger, effrayé dans son admiration, raconte qu'il eût voulu sauver ces braves; ses offres furent rejetées. Le général Cambronne, après avoir été exposé au feu durant tout le jour, vers le soir, à la tête d'un seul bataillon, attendait encore de pied ferme le choc de l'armée ennemie, quand il fut frappé..... Il tombe au milieu des morts !.... Grand et malheureux courage, dont le souvenir fera toujours battre les cœurs français! Oui, quelle que soit la chaleur des passions, il faudrait être stupide pour ne le point admirer, et barbare pour n'en être pas attendri !

Cependant, Messieurs, tandis que ces soldats, entraînés et égarés par la volonté de faire et par les perfidies de l'usurpateur, tombent pour lui sous les coups de la mort, il fuit, et seul il vient se cacher dans le palais de nos Rois.

Mais Bonaparte, ayant perdu et ses séductions, et ses forces et son audace, on le contraignit de nouveau à abdiquer l'empire. Les Français alors appelèrent une seconde fois à leur secours ce roi généreux, qui semble destiné à recevoir d'éternels outrages pour s'en venger par d'éternels bienfaits.

Cambronne, prisonnier en Angleterre, apprit à la fois l'abdication de Bonaparte et le retour du Roi. Libre désormais envers son ancien maître, il s'empressa d'adresser son serment de fidélité au souverain de sa patrie, à laquelle les événemens l'avaient rattaché. Voici la lettre qu'il écrit au Roi, le 20 *juillet* 1815, étant encore en Angleterre :

« Sire,

« Major au premier régiment de chasseurs à pied » de la garde, le traité de Fontainebleau m'imposa » le devoir de suivre l'empereur à l'île d'Elbe; n'existant plus, j'ai l'honneur de prier Votre Majesté » de recevoir ma soumission et mon serment de » fidélité.

» Si ma vie, que je crois sans reproche, me donne » des droits à votre confiance, je demande mon regiment; en cas contraire, mes blessures me donnent » droit à la retraite, qu'alors je solliciterai, regrettant » d'être privé de servir ma patrie.

» Je suis, etc.

» *Signé*, le général Cambronne. »

Cambronne ne pouvait prévoir alors quel sort lui réservait un ministre du Roi qui sortait des cabinets de Bonaparte. Cet acte assurément était un acte libre, volontaire, que rien ne lui commandait à une pareille époque et à de telles distances : ses sentimens seuls pouvaient le lui dicter.

Bientôt après, il eut connaissance de l'ordonnance du Roi du 24 juillet. C'était peu de jours avant et du fond d'une île étrangère qu'il promit soumission au Roi; sa tête est tout à coup menacée; il va cependant obéir. Il écrit donc au ministre, le 10 octobre, qu'il part pour la France. Le traité de Paris le rend à la liberté; il traverse les mers pour venir se mettre entre les mains de ses juges.

Débarqué à Calais, arrivé à Paris, il se fait conduire à l'Abbaye, et trouve dans cette prison le général qui, comme lui, avait sacrifié à la reconnaissance et au devoir le beau titre de citoyen français; qui, comme lui, avait été contraint d'obéir à un ancien maître. Il est demeuré cinq mois renfermé avec ce brave général, qu'un jugement solennel a rendu à la liberté, qui s'est vu environné, jusque dans cette enceinte, par de si illustres marques d'intérêt, et sur qui les témoignages d'estime sont descendus de si haut.

C'est à cet exposé des faits que le général Cambronne voudrait borner sa justification; mais, chargé de l'importante défense d'un homme aussi loyal, je dois, après l'avoir fait parler si fortement par le récit de ses nobles actions, je dois présenter aux magistrats de courtes et puissantes réflexions qui justifient cet entraînement généreux, qui déjà leur dicte un arrêt favorable.

Un rapide examen de nos lois prouvera que nous n'avons pas du moins ce malheur, qu'un homme environné de l'estime publique puisse être atteint par la sévérité de leurs dispositions; et que nos magistrats n'en sont pas réduits à se rendre injustes, en quelque sorte, pour exercer en faveur d'un pareil accusé l'acte d'équité que leurs âmes leur inspirent.

En ces sortes de causes, la position des juges est difficile; il sont presque dans l'impossibilité d'appliquer les lois accoutumées à des événemens si extraordinaires; cependant il leur importe de bien préciser la criminalité du fait imputé. C'est surtout dans l'examen des crimes d'état qu'il faut se garder de s'arrêter à l'existence des faits, et qu'il faut au contraire approfondir tous les caractères de culpabilité qui doivent seuls provoquer la vengeance de la majesté royale et de l'intérêt public. Un illustre écrivain (1) a dit : « Qu'un homme réellement criminel, un assassin, un » voleur public, un empoisonneur, un parricide soit » arrêté, et que son crime soit prouvé; il est certain » que, dans quelque temps et dans quelque lieu » qu'il soit jugé, il sera un jour condamné; mais il » il n'en est pas de même des hommes d'état : donnez-» leur seulement d'autres juges, ou attendez que le » temps ait changé les intérêts, refroidi les passions, » amené d'autres sentimens, leur vie sera en sûreté. »

» Le plus souvent en ces matières, dit l'avocat-» général Pasquier, les juges accommodent leurs vo-» lontés aux volontés extraordinaires d'autrui. »

Pour n'avoir point à craindre, Messieurs, ces redoutables arrêts de la postérité; pour n'avoir rien à redouter au jour où les jugemens de la terre seront jugés d'en haut, les magistrats doivent en ces occasions se demander si l'action qui leur est dénoncée serait jugée criminelle dans tous les temps, dans tous les lieux, et dans la conscience de tous les hommes sages.

Il n'importe, je le répète, que les faits soient avérés; ils le sont ici : mais l'accusé est-il coupable pour en être l'auteur ? mais peut-il être puni ?

D'après le Code militaire, la question n'est pas de savoir si le fait a été commis; mais si l'accusé est coupable pour l'avoir commis. Le fait peut être avéré sans qu'il soit revêtu d'un caractère de criminalité.

Ainsi la loi, pour venger l'attaque à main armée du territoire, n'envisage comme coupables et ne frappe que des Français.

---

(1) Voltaire.

Or Cambronne était-il Français lors de l'action? Non, sans doute; un traité le fait passer avec son souverain dans un nouvel Etat : là, il vit sous un nouveau drapeau que les puissances, par le traité du 11 avril, avaient promis de faire respecter ; à la vérité il avait la faculté pendant trois ans de rentrer dans son pays; mais il était libre d'user ou de ne pas user de cette faculté. Toutefois, *dès ce jour*, il a perdu l'exercice des droits civils et politiques attachés à la qualité de Français ; il fut rayé des états militaires, il n'a touché aucun traitement; et de plus, *il avait accepté des fonctions dans un nouvel Etat*.

La preuve évidente que le général Cambronne ne se considérait plus comme Français, ne résulte-t-elle pas de la lettre qu'il a écrite au général Curial, pour réclamer sa bienveillance, lorsque les circonstances lui auraient permis de redevenir Français?

« Je réclame, dit-il, et je compte toujours sur votre bienveillance, mon général, pour m'obtenir, dans le cas où je quitterais le service de Napoléon, la permission de rentrer en France, et d'aller passer le restant de mes jours auprès de ma vieille et bonne mère. »

Oui, Cambronne était devenu étranger à sa patrie; par l'effet des bouleversemens politiques, son prince avait changé d'États, et en le suivant dans sa nouvelle souveraineté, toutes les lois divines et humaines lui imposaient l'obligation de continuer à lui obéir sans réserve.

« Les sujets, dit le savant et sage Vatel, ne sont » point en droit de peser la sagesse ou la justice des » commandemens souverains; cet examen appartient » au prince ; ses sujets doivent supposer, autant » qu'il se peut, que tous ses ordres sont justes et sa- » lutaires : lui seul est coupable du mal qui peut en » résulter. »

Ajoutez que Bonaparte était à la fois souverain et

général; que sous cette qualité, le général Cambronne était soumis à une discipline sévère, et contraint à une obéissance plus stricte, plus nécessaire, et qui permettait moins les réflexions.

C'est ici le lieu d'invoquer ce principe de notre droit criminel, qu'il n'y a ni crime, ni délit, quand il n'y a point une libre volonté d'agir; principe consacré par l'art. 64 du Code pénal; principe développé dans les articles 114 et 190, qui établissent que nul n'est coupable quand il a agi par les ordres de ses chefs dans l'ordre hiérarchique. Or, telle était la position du général Cambronne à l'égard du lieutenant-général Drouot, du maréchal Bertrand, et de Bonaparte lui-même.

Nous repoussons aujourd'hui, Messieurs, avec un effroi involontaire, ces idées de dévouement et de soumission à Bonaparte. Les passions aigries et de justes ressentimens ne nous permettent plus de voir dans l'homme de l'île d'Elbe qu'un brigand audacieux. Mais lorsqu'il s'agit de prononcer avec l'impassibilité de la justice sur la vie d'un de nos semblables, d'un de nos concitoyens, pourrions-nous oublier et la grande domination, et le caractère, et la force, et l'étendue de pouvoir dont cet homme fut revêtu? Oui, pour nous qui n'avions point quitté la France, Bonaparte n'était plus qu'un vil usurpateur, qu'un agresseur injuste et perfide, qu'un parjure qui violait insolemment les traités au prix desquels il avait racheté sa vie. Mais, pour ceux qui ne s'étaient point séparés de sa personne, pour ceux que par son abdication il n'avait point déliés de leurs sermens de fidélité, Bonaparte était toujours un maître, ambitieux et téméraire, il est vrai, mais un maître auquel ils étaient tenus d'obéir, un général dont les ordres étaient d'impérieuses lois.

Sans doute ce ne sera point dans le royaume de

France, sous l'influence de cette belle monarchie que l'honneur et la fidélité ont si glorieusement rétablie, que de pareils principes pourront être repoussés.

Quel que fût l'homme que Cambronne avait juré de servir, son serment était inviolable. « Si l'on veut établir pour règle, dit l'orateur romain, que la foi donnée à un homme sans foi est nulle, je crains bien qu'on ne cherche, sous ce voile spécieux, une excuse au parjure et à l'infidélité. »

Les sujets du souverain de l'île d'Elbe pouvaient, comme Drouot, qu'il surnommait le *sage*, lui présenter de justes réflexions ; mais les réflexions une fois écartées, ils devaient, comme lui, céder à la volonté du maître.

Et supposons encore, Messieurs, que Cambronne eût pu résister davantage, n'était-il point dans l'erreur sur la nature et le vrai caractère de l'expédition à laquelle il lui était ordonné de prendre part ? Quand il connut le but du voyage, il n'était plus possible de se refuser à l'entreprendre. C'est en pleine mer, le troisième jour de traversée, que Bonaparte changeant de cocarde, fit connaître ses projets. Bonaparte dissimula la vérité dans toute cette entreprise. Ce cœur d'airain était fermé à ses plus loyaux, à ses plus fidèles serviteurs.

Il disait hautement que la France entière le rappelait, que les Bourbons étaient obligés de descendre du trône, et que les princes de l'Europe se réunissaient pour le replacer sur ce trône de France : comment Cambronne aurait-il été détrompé ? Tout ne concourait-il pas à donner à l'imposture les couleurs de la vérité ? La croisière anglaise, préposée pour la garde de l'usurpateur, le laisse passer librement ! la flotte française de Toulon ne met aucun obstacle à l'approche des côtes de France ; rien ne s'oppose au débarquement. Bonaparse se met en route ; la faiblesse de ses moyens militaires ne peut faire croire à une attaque à main armée ; l'ordre est donné de ne pas tirer un coup de fusil ; on se précipite sur ses pas : soldats, officiers, généraux, le peuple, le clergé même (car on a vu quelques ministres de la religion parmi ses adhérens), tout semblait courir au-devant de sa domination.

Disons donc hautement : oui, le général Cambronne est descendu en France avec Bonaparte ; mais alors il avait cessé d'être Français, et les dispositions pénales de nos lois ne peuvent lui être appliquées ; il ne peut être justiciable que du droit des gens.

Cambronne ayant dû obéissance au souverain qui avait reçu ses sermens, il fut contraint de lui obéir et de le suivre dans son expédition contre la France ; sa volonté n'ayant pas été libre, ses actions n'ont pu avoir aucun caractère de criminalité ; il ignorait d'ailleurs, lorsqu'il partit de l'île d'Elbe, la nature et le but de l'expédition à laquelle il lui était ordonné de prendre part ; tout concourait même, pendant le voyage, à maintenir le général dans l'erreur où on l'avait mis, qu'il ne s'agissait point d'attaquer la France, mais seulement de céder à ses vœux avec l'assentiment des souverains de l'Europe.

Il résulte de ces faits possitifs que, suivant les principes des lois de tous les peuples policés, le général Cambronne ne fut point coupable. Ces principes seront respectés tant que la religion du serment et la fidélité aux princes de la terre seront comptées au nombre des vertus, tant qu'il y aura des hommes dont le jugement ne se laisse maîtriser ni par les événemens, ni par la fortune.

Ces principes viennent d'être proclamés par le ministère public, qui vous a présenté le spectacle touchant et majestueux d'un beau talent qui dirige et seconde l'autorité pour protéger un simple citoyen. Nouveau motif d'amour et de vénération pour notre Roi; nouveau motif d'admirer sa justice, qui s'exerce si librement dans les causes mêmes où S. M., en se rendant accusatrice, a fait peser sur l'accusé le fardeau énorme de la prévention royale. Ces principes, si simples, si vrais, si noblement avoués, ont été solennellement reconnus par un arrêt qui, pour entraîner les esprits qui seraient encore incertains, a acquis désormais la force d'une loi, et est devenu le vœu de cette conscience publique à laquelle les magistrats sont tenus d'asservir leur conscience particulière. Oui, les questions de ce procès eussent-elles été d'abord incertaines, désormais elles ne peuvent plus être l'objet d'un doute. Le général Drouot a été déclaré non coupable; le général Cambronne pourrait-il être déclaré coupable? Une contradiction aussi monstrueuse ne peut exister. Cambronne n'a pas, comme Drouot, connu le but du voyage avant l'embarquement; il n'a pas, comme lui, adhéré au gouvernement provisoire; il n'a pas, comme lui, été rappelé pour son traitement; enfin, le général Cambronne marchait sous les ordres du général Drouot. Le chef n'a pas été puni pour ses commandemens; le subalterne le sera-t-il pour son obéissance? Non! Le général Cambronne a partagé l'exil et la captivité du général Drouot, il partagera aussi son succès. Faut-il vous rappeler de quelle bouche auguste le lieutenant-général Drouot a appris que les ordres avaient été donnés pour le mettre en liberté, et pour que toutes poursuites cessassent contre lui?

Assurément, Messieurs, vous ne porterez point atteinte à la chose ainsi jugée, ainsi sanctionnée, pour frapper d'un supplice honteux cet homme d'une stoïque vertu. Vous n'oublierez pas qu'avant de connaître les dispositions de l'ordonnance du 24 juillet, il envoya son serment de fidélité au Roi : un serment ! vous savez combien pour lui c'est une chose sainte ; il n'est pas de passions, point d'intérêts, point de dangers qui puissent lui faire trahir cet engagement sacré.

Ah ! conservez au roi un sujet qui peut être si précieux ; craignez, par la perte d'un homme digne d'estime, comme il serait digne de regrets, de flatter les honteuses espérances de ceux qui, cultivant nos dissensions comme leur fonds et leur propre héritage, s'efforcent d'immortaliser les passions, les querelles et les fureurs.

N'appliquez point une loi terrible à ce brave qui, dans des temps plus désastreux, quand la terreur planait de toutes parts, osa, au péril de sa vie, soustraire au supplice et des victimes de Quiberon, et des ministres de Dieu, que des juges d'enfer allaient égorger. C'est le moment pour lui de recevoir le prix de ses généreuses actions. Voyez au pied du tribunal ceux qu'il a arrachés à la mort, vous demander sa vie ; que la voix de ceux qui périrent, malgré tous ses efforts, s'élève jusqu'à vous et pénètre vos âmes !

Ah ! surtout ne perdez point de souvenir comment, lorsque les vastes mers étaient ouvertes à sa fuite, soumis aux volontés de son nouveau Roi, il les a traversées pour se livrer lui-même à la justice de son pays ! Déclarerez-vous rebelle celui qui sait ainsi obéir au péril de sa vie ? Quel cœur français aurait le courage de laisser tomber un si cruel arrêt sur cette tête sillonnée par tant de cicatrices ! Non, la main d'un bourreau n'achevera pas ignominieusement cette mort que mille ennemis ont si glorieusement commencée. Enfin, pour emprunter aux livres sacrés une expression qui convient admirablement à notre sujet : « Non, vous n'immolerez point ce lion qui est venu s'offrir comme une victime obéissante. »

Mais qu'ai-je dit, Messieurs; j'ai trahi la cause qui m'était confiée; un sentiment douloureux, que je n'ai pu vaincre, m'a entraîné hors du cercle qui avait été tracé à mon zèle. Ce n'est point par des considérations touchantes que mon client prétend déterminer vos esprits ; il demande justice : nul sans doute ne veut repousser les bienfaits d'un Roi chéri, qui, comme notre Henri, de mémoire glorieuse et bien aimée, veut se défaire de ses ennemis en s'en faisant des amis; mais Cambronne l'inflexible s'est toujours imposé à lui-même des lois sévères ; c'est selon elles qu'il veut être jugé.

« J'estime trop les hommes, m'a-t-il dit, pour ne pas croire qu'il en est beaucoup qui auraient été capables des actions dont on m'accuse. Si cependant je m'aveugle, moi qui n'ai vécu, moi qui ne veux vivre que pour l'honneur, moi dont l'honneur est la seule joie et le seul bien au monde, si j'ai violé ses lois, j'ai mérité la mort, et je la demande. Mais si j'ai toujours marché d'un pas assuré dans cette voie étroite et sainte, des Français, des officiers français ne me condamneront pas. Qu'ils prononcent : quelle que soit leur sentence, elle sera exécutée. S'il faut vivre, je vivrai heureux de pouvoir encore offrir mes jours à mes concitoyens ; s'il faut mourir, je présenterai avec respect ma tête au fer des lois : que mes juges cependant pèsent ce que vaut la vie d'un homme qui, durant vingt-cinq ans, a servi son pays avec gloire ; ce sang que, durant ving-cinq ans de combats, j'ai prodigué pour ma patrie, ne doit point couler inutilement. L'intérêt, le repos, le besoin de l'Etat, doivent seuls en épuiser les restes.. »

Le discours de Me Berryer étant terminé, M. le

président demande à l'accusé s'il a quelque chose à ajouter à sa défense. Sur la réponse négative de Cambronne, il se dispose à lever la séance, quand M. de Goui, l'un des membres du conseil, adresse une dernière question à l'accusé.

D. Dans la proclamation que vous avez signée y avait-il une invitation aux troupes du Roi de passer sous les drapeaux de l'usurpateur?

R. Il y avait une invitation de s'unir à Napoléon, et de quitter la cocarde blanche pour la cocarde tricolore.

La séance est suspendue. Le conseil va délibérer. Il est deux heures et demie.

A huit heures moins un quart, la séance est reprise. Les assistans, qui avaient attendu avec constance le résultat des délibérations du conseil, prêtent le plus grand silence.

M. le président donne lecture de l'arrêt suivant :

DE PAR LE ROI.

Le conseil délibérant à huis clos, en présence seulement de M. le procureur du Roi, le président a posé les questions de la manière suivante :

Pierre-Jacques-Etienne Cambronne est-il coupable,

1°. D'avoir trahi le Roi avant le 25 mars 1814;

2°. D'avoir attaqué, à main armée, le gouvernement légitime des Français;

3°. D'avoir usurpé le pouvoir par violence?

Sur le premier chef d'accusation, le Conseil à déclaré à l'unanimité : non Pierre-Jacques-Etienne Cambronne n'est pas coupable;

Sur le deuxième chef d'accusation, le Conseil a déclaré, à la majorité de six voix sur sept : non, Pierre-Jacques-Etienne Cambronne n'est pas coupable ;

Sur le troisième chef d'accusation, le Conseil, à la majorité de cinq voix sur sept, a déclaré : non, Pierre-Jacques-Etienne Cambronne n'est pas coupable.

En conséquence, le Conseil de guerre permanent de la première division militaire du département de la Seine, décharge le maréchal-de-camp Pierre-Jacques-Etienne Cambronne des accusations qui lui étaient intentées,

Ordonne qu'il sera mis en liberté vingt-quatre heures après le jugement, délai voulu par la loi, d'après la réquisition de M. le procureur du Roi.

Cette lecture est accueillie d'applaudissemens unanimes. Une partie de l'assemblée pousse les cris de *vive le Roi!* et la foule pressée dans les cours de l'hôtel du Conseil de guerre y répond par des cris de joie.

Aussitôt M. le chef de bataillon-rapporteur se rend à l'Abbaye pour lire l'arrêt au général Cambronne. Ce brave militaire avait déjà été informé de son sort par quelques-uns des assistans qui s'étaient empressés de devancer les pas de M. le rapporteur. Les détails de cette scène touchante sont consignés dans la notice qui précède cet ouvrage, et nous y renvoyons nos lecteurs.

Ainsi s'est terminé, à la satisfaction générale, ce procès fameux, qui fournit une nouvelle preuve des sentimens de justice que la France rend à nos braves. Cette mémorable décision n'illustre pas moins celui auquel elle rend l'honneur et un rang dans la société, que l'équitable tribunal qui l'a rendue.

Nous apprenons que M. le capitaine Duthuit, procureur du Roi, vient de se pourvoir en révision contre le jugement rendu en faveur du général Cambronne.

Si cet événement donne lieu à de nouvelles procédures, nous nous empresserons de les présenter à nos lecteurs.

CONSEIL DE RÉVISION.

Séance du 4 mai.

Le Conseil de révision a prononcé aujourd'hui sur le Pourvoi de M. le procureur du Roi, contre le jugement du 26 avril dernier, qui acquitte le général Cambronne et ordonne sa mise en liberté. Il était composé de M. le maréchal-de-camp baron de Conchy, président; de M. le comte de Chastenay, colonel d'état-major; Leclerc, capitaine de vétérans; Deloques, capitaine à la légion de la Seine, juges; de M. de Chambeau, chef d'escadron d'état-major, également juge, et faisant les fonctions de rapporteur; et de M. Debry, commissaire des guerres de première classe, procureur-général du Roi.

M. Portier, greffier, a donné lecture des pièces du procès.

M. Berryer fils, avocat du général Cambronne, a successivement élevé deux questions préjudicielles qui ont été écartées sur la demande de M. le procureur-général.

M. le rapporteur et M. le procureur-général ont ensuite développé les moyens de révision qui leur ont paru devoir entraîner l'annulation du jugement.

M. Berryer a combattu ces moyens avec chaleur, dans un discours improvisé.

Après avoir délibéré pendant une heure, le Conseil a déclaré, à la majorité de 3 voix contre 2, que le jugement d'acquittement était et demeurait confirmé, et qu'il serait mis à exécution sur-le-champ.

De l'Imprimerie de DOUBLET, rue Gît-le-Cœur, n° 7.

www.ingramcontent.com/pod-product-compliance
Lightning Source LLC
LaVergne TN
LVHW020434230826
846091LV00004B/1488

9782012471917